お菓子とケーキ

絞り・飾り・生地

デコレーションBOOK

Contents

デコレーション・お菓子作りで使う道具 ………… 4
本書の基本の材料について …………… 6

Part 1 絞りのテクニック

絞りの基本　クレーム・シャンティ（生クリームの泡立て）を作る …………… 8
　　　　　　　絞りの練習をしてみましょう …………… 10
サントノーレの口金でウイングを絞る　ショートケーキ …………… 14
丸口金でドットを絞る　桃のショートケーキ …………… 18
絞りのバリエーション　ショートケーキの絞り方のテクニック …………… 21
バラの口金でストレートラインを絞る　いちごのモンブラン …………… 22
バラの口金でウェーブを絞る　くるみのケーキ …………… 26
4種類の口金の絞りのバリエーション　カップケーキ …………… 28
バラ・丸口金でサイドにフリルとビーズを絞る　3段のミニケーキ …………… 32
小さなサイズの絞り　1/4サイズのケーキのデコレーション …………… 36
口金よりも細い線を描ける　ペーパーコルネ …………… 37
線で描く絞り　クリスマスのくつ下を描く …………… 38
ハートの絞り　ハートでいっぱいのツリーを描く …………… 39
ペーパーコルネで幾何学模様を描く　抹茶トルテ …………… 40
パレットナイフで模様を描く　タルト オ ショコラ …………… 44
　　　　　　　パレットナイフの模様のバリエーション …………… 46

Part 2　飾りのテクニック

- **プラスチックチョコレート** …… 48
- **プラチョコでベビーシューズを作る**　誕生祝いのベビーシューズ …… 50
- **プラチョコでスイートピーを作る**　スイートピー …… 54
- **プラチョコで花びらを作る**　桜のマカロン …… 58
- **チョコレートの飾り（オーナメント）** …… 60
- **チョコリングのアクセサリーを飾る**　シャンパントリュフ …… 62
- **チョコレートのレースを飾る**　ババロアフレーズ …… 64
- **転写ショコラのリボンを飾る**　リボンのプレゼントケーキ …… 66
- **チョコスタンプで模様をつける**　バラのショコラケーキ …… 68
- **チョコレートのフリルを飾る**　カーネーションのケーキ …… 70
- **丸く抜いた線描きショコラを飾る**　塩キャラメルのショコラムース …… 72
- **ナッツのあめがけを飾る**　デュオ …… 76
- **ナッツ入りショコラでコーティングする**　モンブランショコラ …… 80
- **クッキーハウスを飾る**　スノーホワイト …… 82

Part 3　生地のテクニック

- **クリスマスカラーの生地を並べる**　ガトー ノエル ド ヴァンブラン …… 88
- **ムースを水玉模様にする**　フランボワーズ …… 92
- **上面とサイドにムースの花を散らす**　小春 …… 96
- **ガナッシュで上面にラインを描く**　ムース オ マロン ショコラ …… 100
- **ロール生地に矢羽模様を描く**　かぼちゃのロール …… 104
- **黒豆をサイドに飾る**　和物語 …… 108
- **小花模様のパータデコールをつける**　フルール …… 112
- **チョコレートの絵をムースに転写する**　シャンパンムース …… 116
- **パステルカラーの模様をつける**　ポァール …… 120

- 型紙 …… 126

デコレーション・お菓子作りで使う道具

デコレーション・お菓子作りでよく使う道具を紹介します。

パレットナイフ

細長いへらの形をしているナイフ。ケーキにクリーム類やチョコレートをナッペする（ぬる、コーティングする）ときに使います（p.16参照）。またケーキを移動するときは、2本のパレットナイフを使って持ち上げます。ステンレス製で、薄手で弾力のある刃が使いやすいでしょう。刃の長さがさまざまなので、ケーキのサイズや用途に合わせて使い分けましょう。

アングルパレットナイフ

持ち手と刃の間に段差のあるナイフ。ナッペや天板に生地を広げるときなどに使います。

トライアングル（三角）パレットナイフ

刃が三角形になっているナイフ。溶かして薄くのばしたチョコレートの飾りを作るときなどに使います（p.71「カーネーションのケーキ」で使用）。

すべり止め

チョコレートを削って飾りを作るとき、台が安定していないとうまくできないので、すべり止めがあると便利です。100円ショップなどで手に入ります。

ペティナイフ・ケーキ用ナイフ

ペティナイフ（下）はフルーツをカットするときなどに。ケーキ用ナイフ（上）はビスキュイの厚みをスライスするときや、切り分けるときに使います。写真（右）のように保冷ポットなどに入れて刃先を湯で温め、ふいてから使うと切りやすくなります。

ビスキュイをスライスする。

はけ・絵筆

シロップや卵黄、ナパージュなどをぬるときに使います。左写真上から動物毛を使ったはけ、耐久性があり衛生的なシリコン製。絵筆も用途は同じですが、カットしたフルーツにすみずみまでぬるときなどに使います。

シロップをしみ込ませる。

マジパンスティック

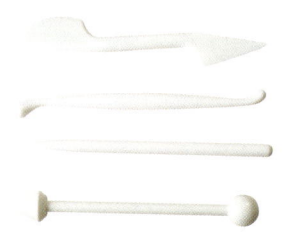

棒の両端が立体的な形やへら状になっていて、プラスチックチョコレート（p.48参照）の細かい切り込み線や形作りに役立ちます。シュガークラフト用のスティックも同様に活用できます。

プラチョコの細工（p.52「誕生祝いのベビーシューズ」）。

くりぬき器

メロンやすいかなどを丸くくりぬくときに使います。ショートケーキやゼリーを飾るときに（p.21「絞りのバリエーション」で使用）。

茶こし

一般的にはお茶をこす道具ですが、デコレーションでは粉糖やココアをふりかけるときに使います。

コーム

プラスチック製、ステンレス製があり、三角形、四角形のタイプがあります。OPPシート（セロファン）にぬったチョコレートなどに軽くあてて、まっすぐ動かせば等幅のストライプ模様が完成（右上）。また、ケーキの上面やサイドにラインや波模様をつけることもできるので、ナッペがうまくできなくてもカバーできます（右下）。

口金

絞りのクリームの形は、口金によって違います。口金にはさまざまな形がありますが、丸口金（左）、星口金（右）の2種類が最もよく使われます。口金だけを取り替えられるカップリングタイプは、口金を数種類使ってデコレーションするときに便利。大・小さまざまなサイズがそろっていますが、小さいほうが使う場面が多くあります。

カップリングタイプの使い方

カップを絞り袋に取りつけて、口金をセットし、リングをはめて固定して使います。

ボウル

生地を混ぜたり、湯せんにかけたり、さまざまなシーンで使います。熱に強く、冷えやすいステンレス製のもので、直径15cm・20cm・24cmの3種類があると、分量によって使い分けができます。ハンドミキサーを使って材料を混ぜたり、泡立てるときは左の深型タイプがおすすめ。ハンドミキサーをまわしやすく、材料が散らばりません。

泡立て器

生地やクリームを混ぜるときや泡立てるときに使います。生クリームの泡立てにはワイヤーの本数の多いタイプが適しています。また、ワイヤーの部分が、使うボウルの直径と同じ長さのものを選ぶとよいでしょう。グリップが握りやすいかどうかも、選ぶときのポイント。

ハンドミキサー

スピーディに泡立てることができるので、あると重宝します。

ゴムべら

柄とへらが一体になっているものが衛生的。生地を混ぜるとき、練ったりするときはへらがかためでしっかりしたもの(下)、ボウルの内側の生地を残さずこそげるときは、へらがやわらかめのタイプを使います(中央)。

ドレッジ(カード)

プラスチック製で、材料を切り混ぜたり、生地をカットしたり、型に流した生地の表面を平らに整えたりするときに使います。半分にしたものは、15cmのセルクルに流した生地を平らにならすときに使いやすい。

ムースの表面を平らにならす。

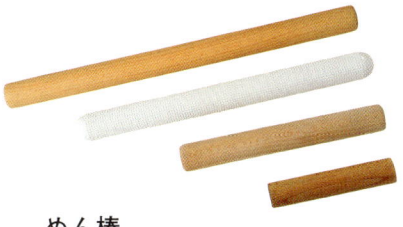

めん棒

生地を平らにのばすときに使います。材質、長さはさまざまです。ビニール等で生地をサンドし、のばすときは、すべらないので表面がギザギザのタイプ(写真の白いめん棒)がよく、打ち粉をしたパイ生地の場合は木製のものが向いています。

小さなめん棒でプラスチックチョコレートを薄くのばす。

回転台

ナッペやデコレーションをするとき、ケーキ自体を回転させることができるので便利です。手早くきれいにぬることができます。

セルクル

底のないリング状の型。ビスキュイの焼き型としてだけでなく、生地やムースを入れて成形したり、ゼリーを流して冷やし固めたりするときにも使います。

トイ型

名前のとおり、樋(とい)の形をした型。焼き菓子に使うほか、ゼリーやアイスクリームなどの冷菓にも使います(p.118「シャンパンムース」で使用)。

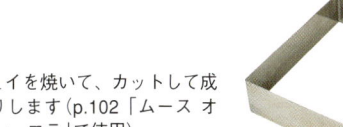
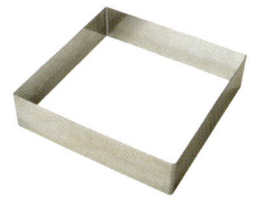

角型

ビスキュイを焼いて、カットして成形したりします(p.102「ムース オ マロン ショコラ」で使用)。

クッキーの抜き型

クマ、イヌなどの動物を使ったクッキーは、ケーキに添えるとかわいいアクセントになり、デコレーションの幅が広がります。

はりねずみのクッキーでかわいらしさアップ。(p.28「カップケーキ」)

本書の基本の材料について

卵
Mサイズ(殻つきで60g前後)を使います。

小麦粉
薄力粉を使い、ふるっておきます。

砂糖
グラニュー糖を使います。

バター
無塩バターを使います。

基本のビスキュイの配合

ビスキュイ	9cm(3号)	12cm(4号)	15cm(5号)	18cm(6号)	21cm(7号)	24cm(8号)
卵(正味)	3/4個(40g)	1個(53g)	1 1/2個(80g)	2個(106g)	3個(160g)	4個(212g)
砂糖	23g	30g	45g	60g	90g	120g
小麦粉	23g	30g	45g	60g	90g	120g
バター	8g	10g	15g	20g	30g	40g

本書の基本のビスキュイの配合は、サイズ1つおきに倍量になっています。ケーキ作りの参考にしてください。

その他のよく使う材料

生クリーム……動物性油脂42%と47%のフレッシュクリーム
チョコレート……カカオ分61%のスイートチョコレート
アーモンドパウダー……皮なしの純アーモンドパウダー
ゼラチン……粉ゼラチンで、水でふやかすタイプを使用し、小さじ1は3g、大さじ1は9g。粉ゼラチンの溶かし方は商品によって違いがあるので説明書を読んで対応してください。
洋酒……好みの洋酒を使ってください。

デコレーションによく登場する材料

泣かない粉糖・泣かないココア
お菓子にふりかけたときに、水分で溶けない粉糖とココア。通常の粉糖、ココアよりも長くきれいな状態を保てます。

ナパージュ
ジャム状の上がけ素材。お菓子につやを与え、乾燥を防ぎます。本書ではフリュジェルヌートル(即席希釈タイプ)を使用。右のように抹茶で色をつけ、丸いチョコレートにドットに絞り出して飾りにすることも。

アラザン
コーンスターチを混ぜた砂糖の粒を食用銀粉でコーティングしたもの。金色、ピンク色もあり、ゴージャスさを演出できます。

転写シート
フィルムに模様が描かれており、薄くのばしたチョコレートに模様を転写します。菓子専門店やインターネットで手に入ります。

ピンクペッパー
こしょうとは違う品種なので、辛みはありません。色鮮やかで、ほんのり甘い風味。チョコレート菓子の飾りなどによく使います。

注意すること
* 表示してある小さじ1は5ml、大さじ1は15ml、1カップは200mlです。
* オーブンはあらかじめ設定温度に温めておきます。
* オーブンの温度と焼き時間はあくまでも目安です。機種によって異なる場合があるので、様子を見ながら調整してください。

Part 1
絞りのテクニック

デコレーションの要といえば、やはり「きれいな絞り」。
口金と絞り方を変えれば、いくつものバリエーションが広がります。
クリームのかたさや絞り袋の持ち方などのポイントをつかんで、
エレガントな絞りを楽しんでください。

絞りの基本

クレーム・シャンティ（生クリームの泡立て）を作る

生クリームを泡立てたものをクレーム・シャンティといいます。
絞り袋の使い方や用途別の泡立て具合など、基本的なことを知っておきましょう。

■ 絞り袋の使い方

絞り袋には布製（綿やポリエステル等）と、使い捨てタイプのビニール製があります。家庭で絞り出しをする場合は、ビニール製の絞り袋がおすすめ。衛生的で使い勝手がよく、サイズも大・中・小のタイプが出回っています。

1 口金の横に絞り袋をあて、口金の長さの1/3のところをカットします。切りすぎないように位置を確認してから切りましょう。

2 絞り袋にセットします。口金の先が少ししか出ていないとクリームがもれる原因に。反対に絞り袋から2/3以上出ていると、口金が抜けることがあるので注意して。

3 クリームを入れる前に、絞り袋の口金のすぐ上の部分を口金の中にねじ込みます。こうしておくと、クリームを入れたときに下からもれません。

4 クリームを入れるときは絞り袋を半分程度折り返し、道具立てやコーヒー豆の缶など、筒状のものに口を広げて立てておくと入れやすい。

■ 持ち方、絞り方と姿勢

1 クリームは絞り袋の1/3から半量ぐらいを入れ、ドレッジで口金のほうに寄せます。

2 口金部分を持ち、絞り出し袋のクリームが入っているギリギリのところをねじります。

3 ねじったところを利き手の親指と人差し指のつけ根ではさみます。もう一方の手は口金をつまむように添え、動きを誘導する役割をします。

絞るのはあくまでも利き手。小指、薬指、中指の3本に力を入れます。

ケーキの正面に立ち、絞る姿勢はやや前かがみになります。

失敗しやすい持ち方

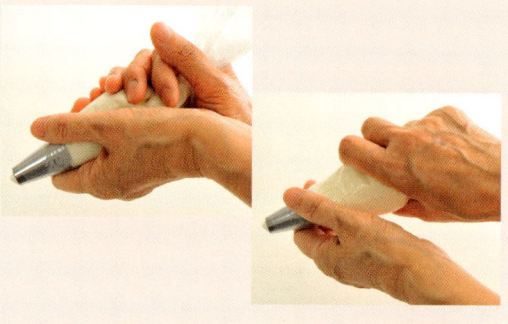
左の写真のように両手で握ると、手の体温でクリームの脂肪分が分離してしまいます。また右の写真のように、絞り袋を上からつかむとコントロールがうまくできません。正しい持ち方をしましょう。

■ 用途別・口金別　生クリームの泡立て法

生クリームは氷水にボウルをあてて冷やしながら泡立てます。作りたいお菓子やケーキによって、泡立て具合を変えましょう。絞りの場合は使用する口金によって泡立て方を調節します。

・五分立て
少しとろみがついて、ボウルの肌にまとわりつくようになり、泡立て器を持ち上げるとサラサラと落ちる状態。

・六分立て
泡立て器を持ち上げたときクリームがすぐに落ちるけれど、五分立てよりもとろみが強く、波紋の跡が残る状態。

・七～八分立て
落ちたクリームが盛り上がった状態。ムース、ババロア、ナッペ向き。

・九分立て弱
（丸口金の絞り向き）
ボウルの中のクリームに泡立て器をまわした跡が残る状態。丸口金で絞る場合はこのくらい。

・九分立て
（星口金の絞り向き）
泡立て器を持ち上げたとき、クリームが一瞬止まって落ち、落ちた跡が盛り上がって残る状態。星口金で絞る場合はこのくらい。

・九分立て強
（バラ・サントノーレ・ギザ口金向き）
泡立て器からクリームが流れず先端にツノが立ち、ボウルの中にもツノが立っている状態。バラの口金、サントノーレの口金、ギザ口金の場合はこのくらい。

泡立て方のコツ

はじめのうちは泡立て器を左右に力強く往復させながら泡立てます。五分立てぐらいになったら、円を描くように泡立て器をまわし、ていねいに泡立てていきます。泡立て器は握手をするように自然に握りましょう。つけ根を握りしめると、うまく泡立てられません。

■ 分離した生クリームをリカバーするには

生クリームが温かかったり、泡立てすぎたりすると、分離してしまうことがあります。生クリームの乳脂肪分が30％台のタイプよりも、乳脂肪分40％台のほうが分離しやすい傾向があります。

生クリームが分離してボソボソした状態になってしまうと、絞り出しをすることはできません。そのときは牛乳を少し加えて混ぜ、なめらかな状態に戻してナッペに使います。大さじ1ぐらい加えて混ぜ、足りない場合はもう少し加えてみましょう（上限は生クリームの分量の20％ぐらいまで）。

1 分離してボソボソした状態の生クリーム。

2 ボウルに氷水をあてながら牛乳を加えて混ぜる。

3 ていねいに混ぜてなめらかな状態に。

絞りの練習をしてみましょう

絞りのデコレーションは、口金と絞り方を変えればさまざまなバリエーションが楽しめます。
作りたいお菓子やケーキにはどんな絞りが合うか、いろいろ試してみましょう。

丸口金
ドットに絞る → 絞り方 p.20

星口金
ローズに絞る → 絞り方 p.12

サントノーレの口金
雲のように絞る → 絞り方 p.13

サントノーレの口金
基本の絞り → 絞り方 p.36

星口金
リバースに絞る → 絞り方 p.12

バラの口金
ウェーブに絞る → 絞り方 p.27

◆ 丸口金

最もポピュラーな口金の一つ。デコレーションのほかにシュー生地の絞り出しなどにも使われます。

■ STEP1 ストレート

 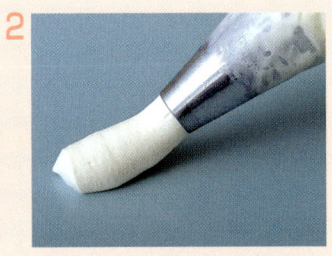 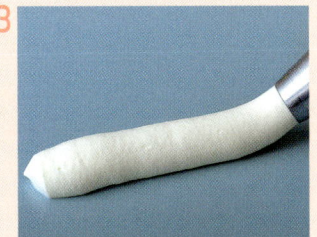 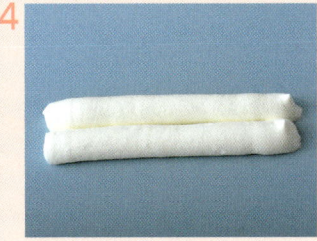

絞り袋をやや寝かせて、口金の太さと同じ幅に絞る。力加減を一定にするのがコツ。

しずく

絞り袋を少し斜めに傾けてふっくらと絞り、力を抜きながら引く。並べ方でバリエーションが広がる。

ハート

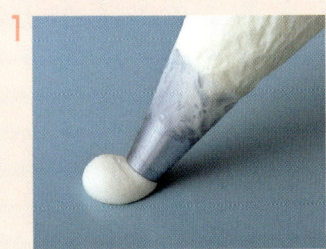   

しずくを2つ合わせてハートに。左右の形が同じになるように同じ力加減でギュッと絞り出し、力を抜きながら引く。

■ STEP2 リバース

   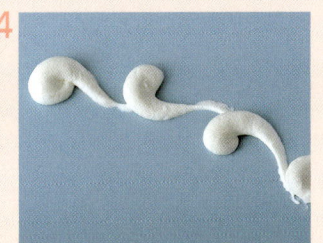

丸く絞り出して力を抜きながらラインをのばし、方向を変えて同じように絞りながら、次々とつなげていく。

◆ 星口金

丸口金と同様、人気の口金。切り込みの数は6、8、10 などがあり、数が多いほど華やかな絞りになります。

■ STEP 1　ローズ

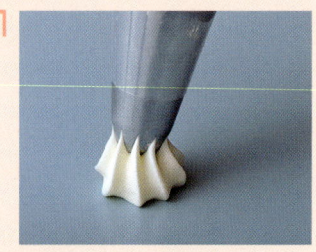

絞り袋を立てて絞り出し、口金の幅より少し太くなったところで、円を描くようにまわしながら引いて切る。

シェルの連続

絞り袋を少し斜めにし、円を描くようにまわしながら次々に絞る。連続すると貝（シェル）がつながったように見える。

■ STEP 2　リボン　　　　　　リバース

絞り袋を少し斜めにしてふっくら絞って引き、右側も逆方向に同様に絞る。重なる部分は垂直に持って絞り、軽く止めて、引き上げる（回転台を使うとよい）。

p.11の丸口金で絞った「リバース」と同じ要領で絞る。

くるみ（パフ）

絞りはじめてふくらんだところで3回押し、くるみの表面のような模様にする。つなげるとユニークな絞りになる。

◆バラの口金

名前のとおり、本来はバラの花を絞るための口金ですが、ラインやフリルなどもきれいに絞れます。

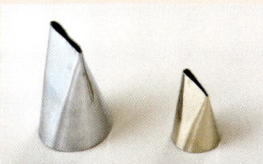

STEP1 ライン

1

2

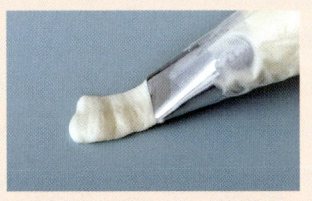

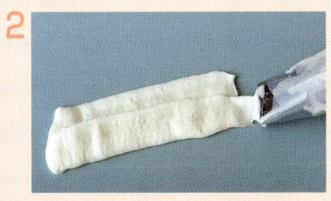

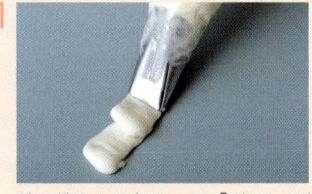

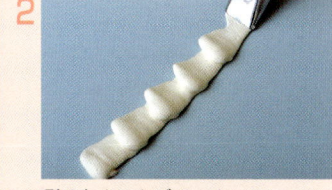

口金の細い方を上にし、絞り袋をやや寝かせて、口金の太さのまま絞る。

連続

1

2

絞り袋をやや寝かせて、「ギュッと出して引く」をつなげていく。

STEP2 フリルを重ねる

1

2

3

4

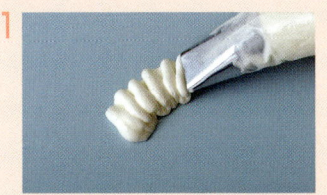

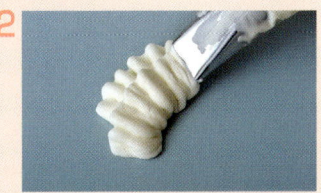

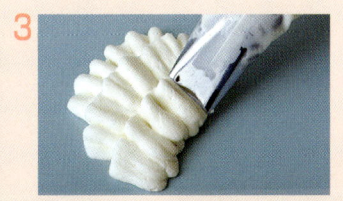

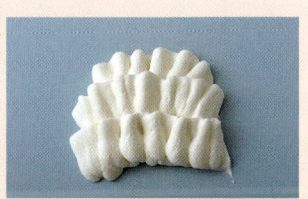

絞り袋を寝かせて、細かく左右に動かしながら絞る。重ねるごとに角度をつけて立体感を出す。4は3段重ねにしたところ。

◆サントノーレの口金

本来はフランスの伝統的なお菓子「サントノーレ」を作るための口金。ダイナミックな絞りが魅力です。

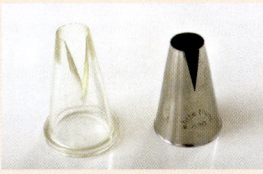

STEP1 葉

1

2

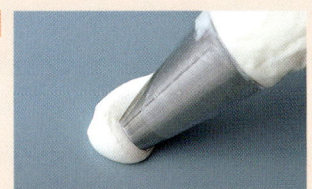

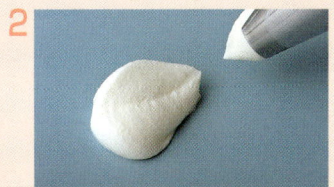

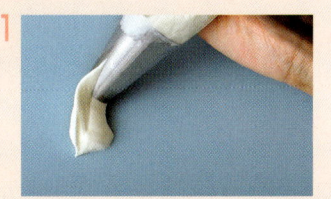

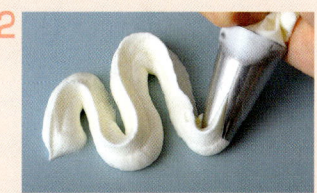

V字の切り込み部分を上にし、絞り袋をやや寝かせて、押し出して引く。葉のようなラインができる。

STEP2 雲のように絞る

1

2

小さいカーブと大きいカーブをつなげて、雲のようなウェーブを絞る。

◆ギザ口金

細いギザギザの切り込みが入った口金。
ケーキのサイドの絞りによく使われます。

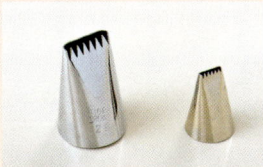

STEP1 バスケット

1

2

3

4

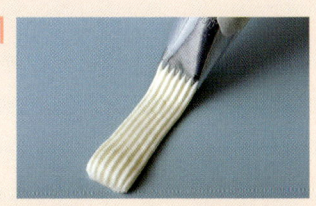

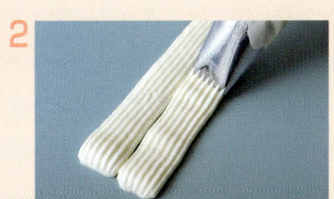

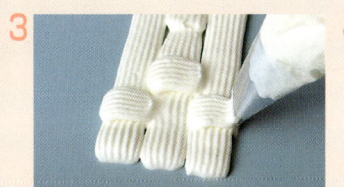

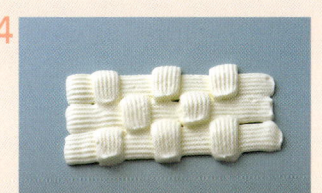

絞り袋をやや寝かせて、口金の太さのまままっすぐ横に何本か絞り、さらにラインの上に縦に交互に絞ってバスケット模様にする。

サントノーレの口金でウイングを絞る

Strawberry shortcake ショートケーキ

サントノーレの口金を使うと、ボリュームのある華やかなケーキになります。絞り袋を垂直に持ち、たっぷり絞るのがコツ。いちごも輪切りにしてスタイリッシュに！

【材料】（直径12cmのホール1台分）

[基本のビスキュイ（スポンジ生地）]
卵　1個
砂糖　30g
水　小さじ1
小麦粉　30g
バター　10g

[クレーム・シャンティ]
生クリーム　200g
砂糖　15g
洋酒　小さじ2

[シロップ]
水　25g
砂糖　10g
洋酒　小さじ1

[飾り]
いちご（飾り用）　2〜3粒
　　　（サンド用）5〜6粒
チョコレートの飾り（p.60参照）　適量
シュー生地の飾り　適量
泣かない粉糖（p.6参照）　適宜

【作り方】

◆ 基本のビスキュイ（スポンジ生地）を作る

1. 型にバター（分量外）を薄くぬり、小麦粉（分量外）をふりかけ、型をたたいて余分な粉を落とし、冷蔵庫で冷やしておく（a）。
2. ボウルに卵を割り入れ、ハンドミキサーで軽くほぐし、砂糖を加える。湯せん（80℃ぐらい）にかけながらハンドミキサーで泡立てる（b）。
3. 人肌になったら（卵液に指を入れてチェックする）湯せんからはずし、さらに泡立てる。ハンドミキサーを止めて静かに持ち上げたとき、羽根に残った生地がしばらく止まっている状態になるまでよく泡立てる（c）。
4. 全体が均一になるように、泡立て器に替えて30回ぐらい混ぜる。
5. 家庭用のオーブンは水分が蒸発しやすいため、ここで水を加える（d）。
6. 小麦粉を2回に分けてふるい入れ、泡立て器でおへそに向かって生地を持ち上げるように混ぜ合わせる（e）。粉っぽさがなくなってからさらに10回ぐらい混ぜるとうまみが出る。
7. 湯せんにかけた熱い溶かしバターを、泡立て器（もしくはゴムべら）で受けながら表面に散らし広げ（f）、泡立て器で5〜8回、6と同じ混ぜ方をする。
8. オーブンシートを敷いた天板に型を置き、生地を型に流す。
9. 160℃のオーブンで約25分焼く。
10. 焼き上がったらすぐ型からはずし、乾いたふきん、もしくはペーパータオルの上に逆さまに置く。
11. 1分ほどで元に戻し、ケーキクーラーなどにのせて冷ます。

◆ クレーム・シャンティを作る

12. 生クリームに砂糖と洋酒を加え、氷水にあてて八分立てにする（p.9参照）。

おいしいビスキュイを作るコツ

1 卵をよく泡立てる

卵を湯せんにかけると泡立ちがよくなります。空気の泡がたくさんでき、フワフワの生地に仕上がります。

2 生地のきめを整える

ハンドミキサーで卵を泡立てたら、さらに泡立て器で30回ほど混ぜます。泡が均一になり、生地のきめが整います。

3 粉をよく混ぜる

粉っぽさがなくなってからも、さらに泡立て器で10回ほど混ぜると生地につやが出て、うまみも加わります。

a

b

c

d

e

f

仕上げ&デコレーション

◆組み立てる

13 ビスキュイを3枚にスライスする。3等分になる位置にケーキ用ナイフで印をつける（g）。
14 反対側も同じように印をつけ、印を合わせるように切る。シロップの材料を合わせておく。いちばん下になるビスキュイを回転台にのせる。
15 シロップをはけで打ち、12をパレットナイフでナッペする（h）。
16 スライスしたサンド用のいちごを並べる（i）。その上に12をナッペし、ビスキュイを1枚置く。
17 15、16をもう一度繰り返し、3枚目のビスキュイをのせ、サイドにはみ出たクリームを押さえてきれいにし（j）、上面にシロップを打つ。

Decoration technique

ナッペ（クリームをぬる）の仕方

18 ビスキュイの真ん中に12をたっぷりのせて、パレットナイフで横に広げながらクリームをサイドに落としていく（k・l）。回転台をまわしながら、サイドに落としたクリームをきれいにナッペする（m〜p）。

パレットナイフの角度は10度ぐらいに

ナッペをするときは、パレットナイフの角度を10度ぐらいにしましょう。上面でもサイドでも、面に対してパレットナイフが垂直にあたると生地を削ってしまいます。それとは逆に、ナイフの密着面が多いと摩擦熱が起き、クリームが分離してしまいます。

正しいパレットナイフの持ち方

パレットナイフは柄のつけ根部分を握り、人差し指を刃の上にのせてコントロールします。ペンを持つような握り方ではうまく操作できません。

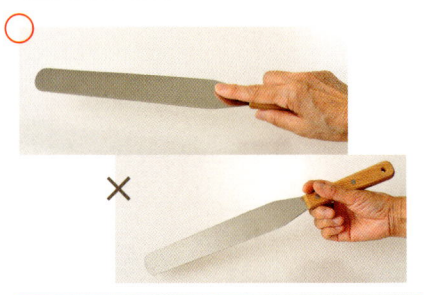

Decoration technique

ウイングの絞り方

19 八分立てにした生クリームを九分立て強（p.9参照）に立て直す。サントノーレの口金をつけた絞り袋にクリームを入れ、ケーキの上面にウイングとポイントを絞り、輪切りなどにしたいちごや、シュー生地をペーパーコルネで絞って焼いたハートの飾り、チョコレートの飾り（p.60参照）などを飾り、好みで泣かない粉糖をふる。

1 V字の切り込み部分が上になるように持つ。

2 ケーキに対して垂直になるように構える。

3

4

5

中心のウイングから絞る。ケーキの左中央から右上に向かい、クリームをたっぷり出しながらカーブを描き、最後は力を抜きながらスーッと引く。

6

7

8

両側の短いウイングも同様に絞る。絞り終わる位置が同じになるようにカーブをつける。

Decoration technique

ポイントの絞り方

1

2

3

絞り袋を垂直に持ち、3つのウイングの根元部分にそれぞれギュッと絞り出し、そのまま静かに上に引く。

丸口金 でドットを絞る
Peach shortcake 桃のショートケーキ

丸口金で縁にドットを絞り出し、涼しげな桃のゼリーを引き立たせます。フレッシュな桃は色が変わりやすいので、加熱した桃にジュレを添えて、インパクトのある味に仕上げましょう。

【材料】（直径15cmのホール1台分）

[ビスキュイ]
卵　1 1/2個
砂糖　45g
水　小さじ1
小麦粉　45g
バター　15g

[クレーム・シャンティ]
生クリーム　200〜250g
砂糖　15〜20g
洋酒　小さじ1

[桃のコンポート]
桃　1個
砂糖　60g
白ワイン　50g
水　50g
レモン汁　小さじ1
洋酒　小さじ1
＊洋酒がピーチツリーの場合は小さじ2

[桃のジュレ]
コンポートシロップ　100g
ゼラチン　3g
水　15g

[シロップ]
コンポートシロップ　30g

【作り方】

◆ビスキュイを作る

1　p.15の要領でビスキュイを作る。

◆桃のコンポートと桃のジュレを作る

2　鍋に砂糖、白ワイン、水を加え、よく洗ってくし形にカットした桃を皮ごと加えて（a）、2〜3分煮る（b）。

3　2の鍋を火からおろし、洋酒、レモン汁を加え、桃を取り出す（c）。

4　残った煮汁（コンポートシロップ）の皮を取り除き、30gをシロップ用に取りおく。残りのコンポートシロップ100gを量り、分量の水でふやかし、湯せんにかけて溶かしたゼラチンを混ぜ（d）、コンポートシロップに加えて3等分する（e）。冷蔵庫で冷やし固めてジュレ（ゼリー）にする。

5　桃のコンポートを一口大にスライスし（f）、3等分にしておく。

◆クレーム・シャンティを作る

6　ボウルに生クリーム、砂糖、洋酒を入れ、氷水にあてて八分立てにする（p.9参照）。

Decoration technique

桃のコンポートと桃のジュレの作り方

a　洗った桃を皮ごとカットしていく。

b　2〜3分で煮汁がピンク色に変わる。

c　桃の皮は自然にむけるので桃を取り出す。

d　湯せんにかけて溶かしたゼラチンを混ぜる。

e　使いやすいように3等分にして冷やし固める。

f　桃のコンポートは薄く一口大にスライスする。

仕上げ&デコレーション

7 ビスキュイを3枚にスライスする。
8 ビスキュイを1枚回転台にのせ、上面に4のシロップをはけで打ち（g）、6のクリームをナッペする。
9 カットした桃のコンポート（h）とスプーンでほぐしたジュレ（i）のそれぞれ1/3量をのせる（j）。このときビスキュイの中央に10円玉ぐらいのスペースを空けておく。6をナッペし（k）、その上にスライスしたビスキュイを1枚のせる。
10 8と9を繰り返し、上面にビスキュイをのせたら、サイドにはみ出したクリームを押さえてきれいにする。
11 上面にシロップをぬり、上面とサイドをナッペする。冷蔵庫に入れて冷やし固める。
12 クリームを絞り出し用に九分立て弱に立て直し（p.9参照）、口径10mmの丸口金をつけた絞り袋に入れて、縁に一周ドットを絞る（l）。
13 中央に残りのコンポートを置き（m）、残りのジュレを飾る（n）。あればミントの葉（分量外）をのせる。

あと何回絞るかを決めて、力加減を変える

縁にドットを絞るとき、写真（l）の位置まできたら、きれいに見せるにはあと何回絞ればいいかを考えましょう。あと3個絞るときは小さめ、2個の場合は大きめなど、力加減でドットの大きさを調節します。

g
h
i
j
k
l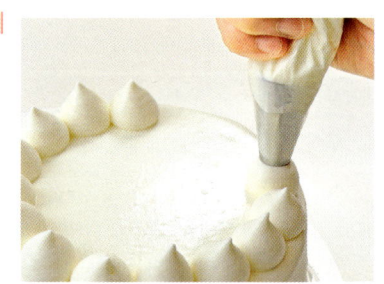
m
n

Decoration technique

ドットの絞り方

1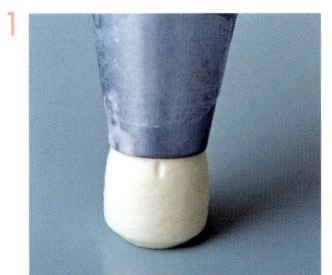
2
3
4

1cmぐらい浮かしたポジションから口金より広く、ふっくらするまで絞り出し、軽く止めて、そのままそっと引き上げる。

絞りのバリエーション

ショートケーキの絞り方のテクニック

フルーツの飾り方とクリームの絞り方を変えて、直径12cmのショートケーキの4つのパターンを作ってみました。
絞り方が違うと、それぞれのインパクトも変わります。

星口金でリバースを絞る(p.12参照)。いちごを花に見立て、真ん中にはグリーンを飾り、全体をまとめる。

星口金でくるみを連続で絞る(p.12参照)。1回1回の絞りの大きさをそろえるのがコツ。メロンはくりぬき器でくりぬく。

星口金でリボンを絞る(p.12参照)。リボンの真ん中にアラザンを飾ってアクセントに。スライスしたいちじく、巨峰を飾る。

サントノーレの口金で葉を絞る(p.13参照)。詰め気味に絞るとハートの模様に。ラズベリー、ブルーベリーはこんもりと盛る。

バラの口金でストレートラインを絞る

Mont-blanc aux fraises いちごのモンブラン

ストレートラインを少しずつ重ねながら、ドーム形のビスキュイをカバーするように絞ります。クリームに白あんを加えた、さっぱりした甘みが魅力。

【材料】（直径6.5cmのボンブ型8個分）

[シフォン生地]
- 卵白　50g
- 砂糖　20g
- 卵黄　1個分
- 砂糖　10g
- サラダ油　25g
- いちごのピューレ　25g
- レモン汁　小さじ1
- 小麦粉　30g

[モンブランクリーム]
- ゼラチン　2g
- 水　10g
- 白あん　100g
- いちごのピューレ　60g
- 生クリーム　60g

[サンド用クリーム]
- いちご　6個
- 生クリーム　60g
- 砂糖　5g
- 洋酒　小さじ1/2

[飾り]
- いちご　4個
- 生クリーム　適量
- ホワイトチョコレートの飾り　適量

【作り方】

◆シフォン生地を作る

1. ボウルに卵白と砂糖を入れ、九分立てのメレンゲを作る（下記参照）。
2. 別のボウルに卵黄と砂糖を入れ、3分間ほど泡立て、分離しないようにサラダ油を少しずつ加える。いちごのピューレ、レモン汁も少しずつ加えて混ぜる。
3. 2に1の半量、小麦粉、残りの1の順に加えてそのつど混ぜ合わせる。
4. 8個の型に生地を流し、170℃のオーブンで約15分焼く。

◆モンブランクリームを作る

5. 分量の水でふやかしたゼラチンを湯せんにかけて溶かす。
6. ボウルに白あんを入れて練り、いちごのピューレを少しずつ加えて混ぜる（a・b）。
7. 5のゼラチンに6を少量加え（c）、よく混ぜて（d）、元の6のボウルに戻す（e）。
8. 生クリームを六分立てにし（p.9参照）、7に加えて混ぜる（f）。冷蔵庫でクリームを冷やし固める。

a
b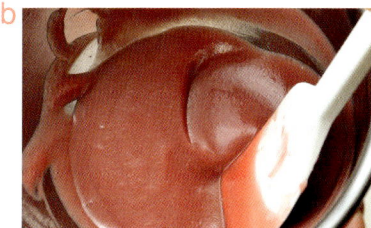
c
d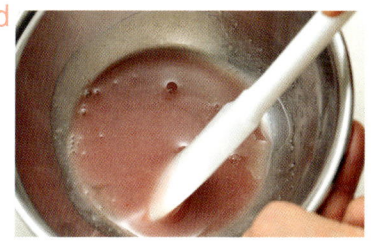
e
f

生地に使うメレンゲの作り方

生地に使うメレンゲは、立て加減によってふくらみや食感に違いが出てきます。ほかの材料に混ぜ合わせるときは、必ず立て直してから加えましょう。

1. ボウルに卵白と半量の砂糖を入れ、ハンドミキサーを中速にして泡立てる。

2. 泡立ってきたら、残りの砂糖を加え、ハンドミキサーを大きくまわしながら泡立てる。

3. ツノがピンと立つ状態になれば、九分立てのメレンゲのでき上がり。

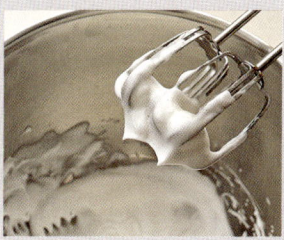
4. さらに泡立て、ツノが何本も立つ状態になれば100%のメレンゲのでき上がり。

◆ サンド用クリームを作る

9 いちごは4枚ぐらいにスライスする。中央の2枚は厚めに切り、サイドの切れ端は薄く切って刻んでおく。
10 ボウルに生クリームを入れ、砂糖、刻んだいちご、洋酒を入れ（g）、氷水にあてて八分立てにする（h）。

g

h

仕上げ＆デコレーション

11 型の口を下にして完全に冷ましてから、小さめのゴムべらを使って型からシフォン生地を取り出し（i・j）、真ん中から少し上の部分をスライスする（k）。
12 パレットナイフで10を塗り（l）、9のいちごをサンドし（m）、スライスしたシフォン生地をのせ（n）、サンドした部分を隠すように10を塗って形を整える（o・p）。

i

j

絞りの前に生地をきれいに整えておく

焼き上がった生地の表面がでこぼこだったら（写真）、せっかくの絞りがうまくできません。表面の生地のこげつきはナイフで簡単に落とせるので、きれいな状態にしてから絞りましょう。

k

l

m

n

o

p

Decoration technique

ストレートラインの絞り方

絞り袋を立てて持ち、バラの口金を下から上に向けて、クリームを薄くのばすように絞る。

ストレートラインの3本に1本は短めに絞り、ドーム形のシフォン生地全体をカバーする。

13 絞り袋にバラ口金をセットし、8のモンブランクリームでストレートラインを絞る。
14 ケーキの上部に、八分立てにした生クリームをペーパーコルネで絞り（p.37参照・q）、縦半分に切ったいちごを飾り（r）、ホワイトチョコレートの飾り（p.60参照）を添える。

バラ口金の絞り袋の持ち方

バラ口金を使うとストレートラインやフリルなどがスムーズに絞れます。絞り方によって絞り袋の持ち方を変え、きれいに絞りましょう。

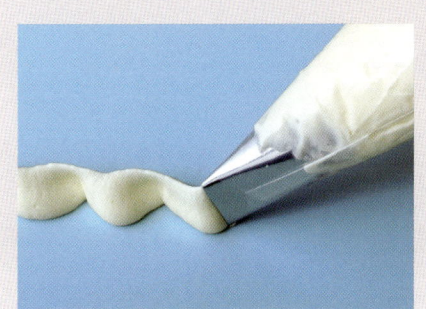 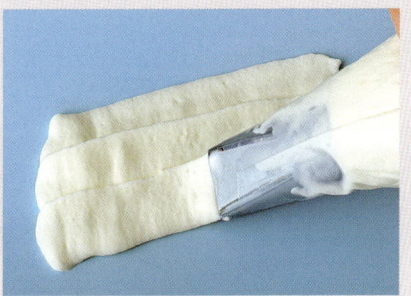 

フリル
フリルは絞り袋を寝かせて持ち、口金の広いほうを下にして絞る。

ライン
ラインは絞り袋をやや寝かせて持ち、口金の幅に絞る。

ストレートライン
縦のストレートラインは絞り袋を立てて持ち、口金の幅に絞る。

バラの口金でウェーブを絞る
Gâteau aux noix くるみのケーキ

小刻みに絞ると細かなウェーブに、ゆったり絞ると軽やかなウェーブにと、ウェーブはさまざまな表情ができる絞り方です。作りたいイメージに合わせて絞りましょう。

【材料】（直径15cmのホール1台分）

[コーヒーのビスキュイ]
卵　1 1/2個分
砂糖　45g
小麦粉　45g
インスタントコーヒー　小さじ1
湯　小さじ1
バター　15g

[くるみ入りクリーム]
くるみ　30g
卵黄　1個分
砂糖　25g
牛乳　100g
小麦粉　5g
コーンスターチ　5g
インスタントコーヒー（粉末タイプ）
　小さじ1
生クリーム　75g
洋酒　小さじ1

[シロップ]
水　20g
砂糖　8g
インスタントコーヒー　小さじ1/2
洋酒　小さじ1

[飾り]
生クリーム　50g
くるみ　適量
チョコレートの飾り（p.60参照）　適量

【作り方】

◆コーヒーのビスキュイを作る
1　p.15のビスキュイの作り方の要領で作る（水は加えない）。小麦粉を加えて混ぜたあと、湯で溶いたインスタントコーヒーを加え、溶かしバターを加えて混ぜる。
2　型に流し、160℃のオーブンで約25分焼く。

◆くるみ入りクリームを作る
3　くるみは160℃のオーブンで約10分から焼きし、刻んでおく。
4　ボウルに卵黄を入れ、牛乳20gを先に加えてのばす。砂糖、粉類、インスタントコーヒーを一緒にふるって加え、よくすり混ぜる。
5　残りの牛乳は、沸騰直前まで加熱する。
6　4に5を加え、ふつふつするまで煮上げる。氷水にあてて冷やす（a）。
7　生クリームを八分立て（p.9参照）にして6に加え、洋酒、くるみを加える（b）。

◆シロップを作る
8　鍋に水、砂糖、インスタントコーヒーを入れて煮溶かす。冷めたら洋酒を加える。

仕上げ＆デコレーション

9　2のビスキュイを3枚にスライスし、いちばん下のビスキュイを回転台にのせる。
10　シロップをはけで打ち、7をナッペする。
11　10の上にビスキュイを1枚置き、10を繰り返し、3枚目のビスキュイをのせ、サイドにはみ出たクリームを押さえてきれいにし、シロップを上面に打つ。
12　クリームをビスキュイの真ん中にたっぷりのせて、パレットナイフで横に広げながらクリームをサイドに落としていく（c）。回転台をまわしながら、サイドに落としたクリームをきれいにナッペする（d）。
13　生クリームを九分立て強（p.9参照）にし、バラの口金でウェーブを絞る。から焼きしたくるみ、チョコレートの飾りを飾る。

a

b

c

d

Decoration technique

ウェーブの絞り方

1 　2 　3 　4

バラの口金の先の細いほうを上にし、絞り袋を寝かせて左右にゆらすようにしながら絞る。等間隔になるように6本並べる。

4種類の口金の
絞りのバリエーション

Cup cake カップケーキ

小さなカップケーキにいろいろな
デコレーションがあると楽しくなりますね。
プルプルとぶどうのような丸口金の絞り、
サントノーレの口金のソフトクリームのような絞り、
ギザ口金の編み込み模様の絞り、
星口金で模様を丸く連続させた絞り、
生地もクリームの素材も違う4種類です。

【材料】
（直径5cm×高さ5cmのマフィン型8～10個分）

[マフィン生地]
卵　1個
小麦粉　120g
ベーキングパウダー　小さじ1
砂糖　70g
バター　60g
牛乳　50g
ブルーベリー、ラズベリー、紅茶の茶葉
　各適宜
インスタントコーヒー　小さじ1
湯　小さじ1/2

【作り方】
◆マフィン生地を作る

1　小麦粉とベーキングパウダーは合わせてふるっておく。
2　バターをやわらかくし、砂糖を加え、ほぐした卵を少しずつ加えながらハンドミキサーで混ぜる。
3　2に1と牛乳を少しずつ交互に混ぜ合わせる。
4　生地を8～10等分にし、それぞれにブルーベリー、ラズベリー、紅茶の茶葉、インスタントコーヒーを湯で溶いたものを加えて混ぜる。
5　マフィン型に入れ、170℃のオーブンで25～30分焼く。

Decoration technique

丸口金でぶどうのように絞る

ブルーベリーのカップケーキ

[ぶどうクリーム]（作りやすい分量）
【材料】
ぶどうジュース　30g
砂糖　10g　生クリーム　50g
ゼラチン　小さじ1/2
水　10g
洋酒　小さじ1

【作り方】
1　ぶどうジュースに砂糖、分量の水で溶かしたゼラチン、洋酒を混ぜ、氷水にあてて冷やす。
2　生クリームを八分立てにし、1と合わせる。氷水にあて、絞れるかたさまで冷やす。丸口金で絞る。

[飾りのジュレ]
【材料】
A（透明）　ゼラチン　1g
　　　　　　水　5g
　ぶどうジュース　5g
　水　25g　砂糖　10g
B（紫）　ゼラチン　1g
　　　　　水　5g
　ぶどうジュース　30g
　砂糖　10g

【作り方】
1　ぶどうジュース（Aの場合はぶどうジュースと水）に砂糖、分量の水で溶かしたゼラチンを加えて混ぜ、氷水にあてて冷やす。
2　セルクルなどに流して冷やし固め、好みの型で抜いて飾る。

口径8mmの丸口金で「ふっくらとクリームを出して引く」を繰り返しながら縁を一周絞り、その上にも重ねて絞る。

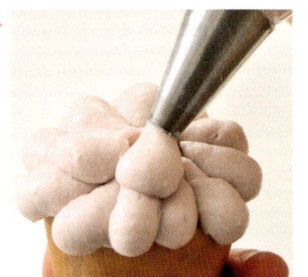  

2周絞ったら、さらに上にも1～2回絞って形よくまとめる。

左がA、右がBのジュレ。セルクルに流して固め、好みの型で抜いてクリームの上に飾る。

Decoration technique

サントノーレの口金でまわして絞る

ラズベリーのカップケーキ
[チーズクリーム]

【材料】(作りやすい分量)
クリームチーズ 50g
レモン汁 小さじ1
生クリーム 100g
砂糖 12g　洋酒 小さじ1
飾り・クルクルショコラ(p.61参照)
　適量

【作り方】
1　ボウルにやわらかくしたクリームチーズを入れ、残りの材料を加えて、絞れるくらいのかたさになるまで混ぜる。
2　サントノーレの口金で絞り、クルクルショコラを飾る。

回転台にカップケーキをのせ、サントノーレの口金を立て、回転台をまわしながら2周絞る。

花びらが開いたように、ヒラヒラした形になる。

Decoration technique

ギザ口金で編み込みを絞る

紅茶のカップケーキ
[バタークリーム]

【材料】(作りやすい分量)
バター 100g　卵白 35g
砂糖 20g　洋酒 小さじ2
抹茶 少量
飾り・はりねずみのクッキー　適量

【作り方】
1　ボウルに室温でやわらかくしたバターを入れて練る。
2　卵白に砂糖を加え、p.93の要領でメレンゲを作る。
3　1に2を加えて混ぜ、洋酒を加えて混ぜる。ギザ口金で絞り、抹茶は途中で入れ混ぜる。
4　p.81のサブレ生地をはりねずみの型で抜いて焼いたクッキーを飾る。

紙カップの縁を1cmほどカットする。カップから出た部分の上1/3を切り、バタークリームを上面とサイドに下ぬりする。口径8mmのギザ口金で5mm間隔をおいて上面にラインを絞る。

サイドも同様に絞り、残ったバタークリームに抹茶を混ぜ、あいた部分に同様に絞って編み込み模様にする。

Decoration technique

星口金で丸く絞る

コーヒーのカップケーキ
[ガナッシュ]

【材料】(作りやすい分量)
チョコレート 50g　生クリーム 75g
洋酒 小さじ1
飾り・模様入りショコラ(p.61参照)　適量

【作り方】
1　刻んだチョコレートを湯せんにかけて溶かし、40℃ぐらいに温めた生クリームを加え、ボウルの中心からゴムべらでクルクルと混ぜる。
2　洋酒を加えて混ぜ、泡立て器で絞れるくらいのかたさになるまで混ぜる。カップケーキの上1/3を切って平らにし、クリームをナッペする。
3　星口金で絞り、模様入りショコラを飾る。

星口金で真ん中に「ふっくらと出して引く」を3回繰り返し、その両側に2回繰り返し絞る。

バラ・丸口金 でサイドにフリルとビーズを絞る

Mini Wedding cake 3段のミニケーキ

フランボワーズでクリームをピンク色に染め、サイドにフリルとビーズを絞ったおしゃれなケーキ。直径9cmのミニサイズなので、1人で食べられるくらいのボリュームです。

【材　料】（24×27cmの天板1枚分）

[ビスキュイ]
卵　2個
砂糖　60g
水　小さじ2
小麦粉　60g
バター　20g

[フランボワーズのクリーム]
┌ ゼラチン　1g
└ 水　5g
牛乳　15g
生クリーム　100g
砂糖　10g
洋酒　小さじ1
フランボワーズのピューレ　20g

[クレーム・シャンティ（サンド用）]
生クリーム　50g
砂糖　3g
ラズベリージャム　適量

[飾り]
ハートのバラのプレートとバラの花（p.48〜49参照）
アラザン　適量

【作り方】

◆ ビスキュイを作る

1. p.15の要領でビスキュイを作る。
2. オーブンシートを敷いた天板に生地を流し、表面を平らにならして160℃のオーブンで約15分焼く。
3. 生地が冷めたら、直径9cmのセルクルで3枚、6cmと3cmのセルクルでそれぞれ2枚ずつ抜く（a・b）。

◆ クレーム・シャンティ（サンド用）を作る

4. ボウルに生クリーム、砂糖を加えて八分立てにする（p.9参照）。

◆ フランボワーズのクリームを作る

5. 生クリームに砂糖、洋酒、フランボワーズのピューレを加えて泡立て、六分立てにする。
6. 分量の水で溶かしたゼラチンに牛乳を加えて混ぜ、5に加え、氷水をあてながら泡立て、八分立てにする。

仕上げ&デコレーション

7. 9cmのビスキュイにラズベリージャムをナッペし、2枚目のビスキュイをのせて4のクリームをナッペし、3枚目のビスキュイをのせる。
8. 6cmのビスキュイにラズベリージャムをナッペし、その上に4のクリームを厚めにナッペして、もう1枚のビスキュイをのせる。
9. 3cmのビスキュイにラズベリージャムをナッペし、その上に4のクリームを薄めにナッペして、もう1枚のビスキュイをのせる。
10. 7、8、9にそれぞれ6のクリームを上面、サイドにナッペし、3段に組み立てる。
11. 6のクリームを九分立て強に立て直し、絞り袋にバラの口金をつけてサイドにフリルを絞り、丸口金（口径2mm）に替えてビーズに絞る。
12. サイドにアラザンを飾り、トップにハート形のバラのプレートを飾る。

a

b

Decoration technique

3段のビスキュイの組み立て方

9cm（いちばん下）のビスキュイの場合：ジャム→ビスキュイ→クリーム→ビスキュイ

6cm（真ん中）と3cm（いちばん上）のビスキュイの場合：ジャム＋クリーム（6cmは厚めにぬる・3cmは薄めにぬる）→ビスキュイ（写真は6cmのビスキュイ）

Decoration technique

ナッペの仕方

ケーキのサイズが小さい場合は、それに合わせて小さめのパレットナイフを使う。アングルパレットでもOK。p.16の要領でナッペする。

Decoration technique

サイドのフリルの絞り方

1 **ビスキュイを目線と同じ高さにする**
  高い台の上にのせるか、片手で台の手前を上げて傾けます。

2 **ビスキュイの正面で絞る**
  姿勢を正し、ビスキュイの正面に向きます。

3 **絞り袋にクリームを入れる前にでき上がりをイメージする**
  生クリームは時間がたつと分離してしまうので、あらかじめでき上がりをイメージして、一気に絞りましょう。

スタートの位置に印をつける

台にクリームで3本のフリルの絞りはじめの位置の印をつけ、ケーキにも竹ぐしの反対側で印をつける。印の位置から絞りはじめる。

口金の太いほうにボリュームをもたせて絞る

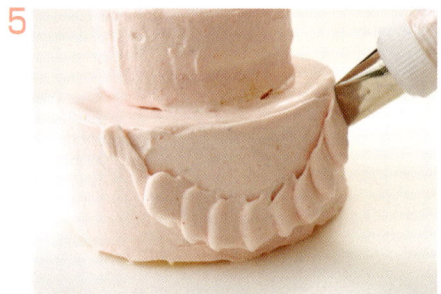

バラ口金の先の細いほうを上にし、ケーキにつけ、ギュッとクリームを出して引き、ラインを少し重ねて絞っていく。口金の太いほうにボリュームをもたせ、ひらひらさせて、ドレープのように絞る。

真ん中、上段は下段よりも細かなフリルに

1　2 　3

真ん中、上段ははじまりの位置を下段に合わせ、下段よりも少し細かなフリルになるように絞る。

Decoration technique

サイドのビーズの絞り方

1　2 　3

丸口金に替え、フリルの上部に「クリームを出して引っ張る」を繰り返しながら連続して絞り、ビーズをつなげたように絞る。

4　5 　6

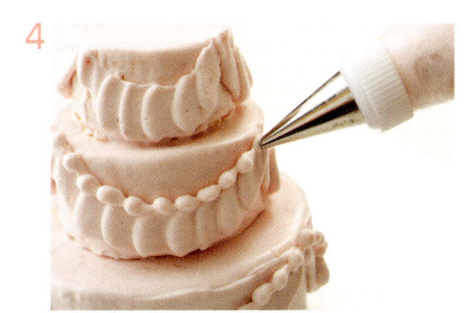

真ん中、上段も下段と同じ大きさになるよう、力加減をそろえて絞る。ビーズのつなぎ目の部分にドットを絞り、アラザンを飾る。

大きな丸口金でビーズに絞るときは……

ビーズの絞りは口径の大きな丸口金で絞ると、丸みがかわいらしく、やわらかな印象になります。

1　2 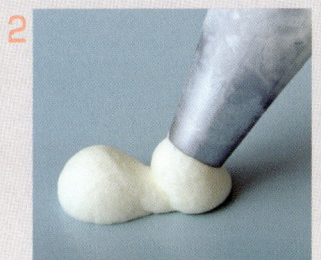　3 　4

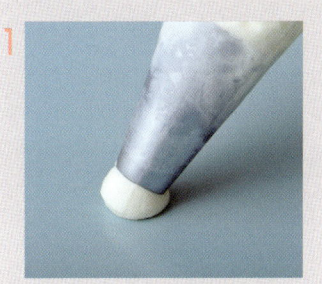

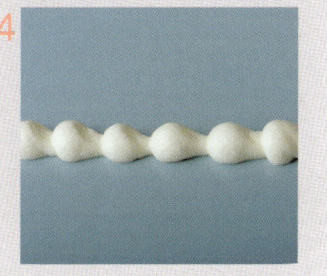

口径10mmの丸口金の場合、絞り袋をやや寝かせ、丸く絞り出したらスッと引き、連続させて絞ります。ケーキの縁を飾ってもきれい。

小さなサイズの絞り

1/4サイズのケーキのデコレーション

ホールのケーキでは大きすぎるから、小さめのケーキを作りたいというとき、
ビスキュイを1/4だけカットして、きれいにデコレーションしてみませんか。
上面とサイドをナッペして、サイドはバラの口金でフリルを絞り、上面はサントノーレの口金で基本の絞りをします。

■サイド・バラの口金でフリルを絞る

バラ口金の先の細いほうを上にし、「ギュッとクリームを出して引く」を繰り返しながら、連続して絞っていく。ひらひらさせて華やかなフリルにする（p.34参照）。

■上面・サントノーレの口金で絞る（基本）

絞り袋を垂直に持ち、ギュッとクリームをたっぷり出して絞り、力をぬいて引く。同じ大きさで一周絞り、真ん中にいちごとブルーベリーを添えて、全体をまとめる。

口金よりも細い線を描ける

ペーパーコルネ

ペーパーコルネはケーキやクッキーに線描きしたり、プレートにメッセージを描いたりと、お菓子作りで大活躍します。少量のクリームでも絞ることができ、使ったあとの処理もラク。材質は油がしみ込まないトレーシングペーパーがおすすめです。

■ ペーパーコルネの使い方

1 コップなどに立て、クリームを上からポトンとペーパーコルネの半分くらいまで落とし入れる。

2 口の部分を2回折り返す。

3 描くものに合わせて先端をカットする。

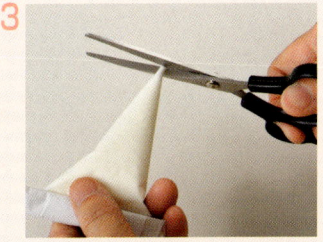

絞りはじめる前にいくつか用意しておきましょう

ペーパーコルネは、手の熱でクリームがゆるくなったり、詰まったりして、絞っている途中で何度か取り替えなければならないことがあります。あらかじめ2〜3個用意してから、絞りはじめましょう。

持ち方

○ 親指と人差し指ではさんで持つ。

× 手の熱が伝わってしまうので、両手で持たない。

■ STEP1　文字を描こう

1　**2**  ペーパーコルネを細めに巻き、先端を1〜2mm切り、ていねいに描く。

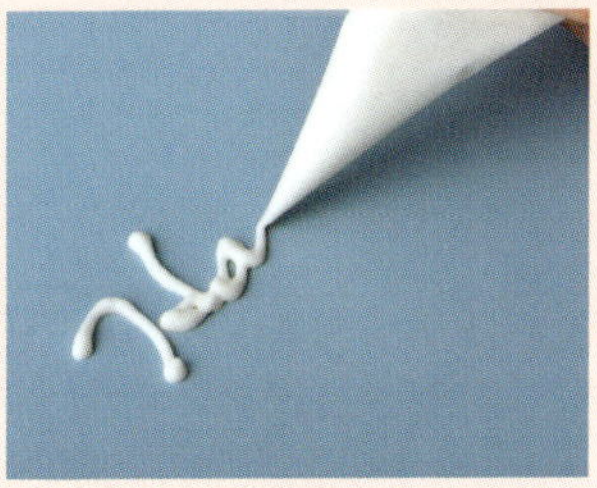

■ STEP2　ハート（葉）を描こう

1　**2**  先端を左右から斜めにカットし、山形にカットする。

3　**4** 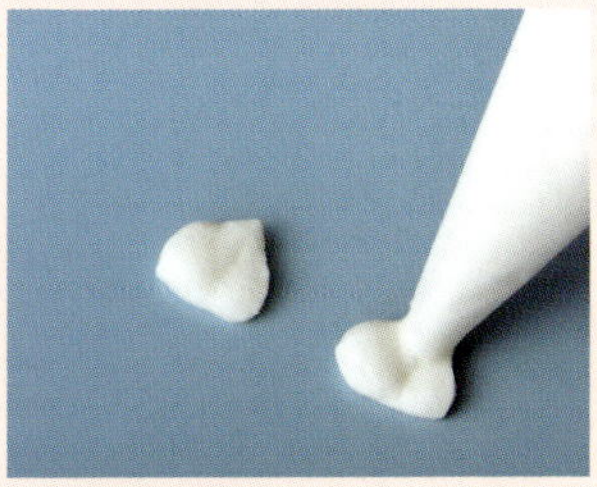 ギュッと押し出して幅を少し広く絞り、力をぬいて引く。

ペーパーコルネの作り方

1 A4サイズのトレーシングペーパー（またはクッキングペーパーなど）を図のように半分に折る。

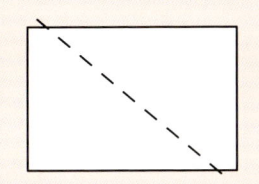

2 折り目に沿って2枚にカットする。

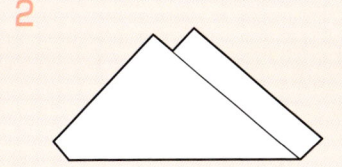

3 直角の頂点から底辺に向かって垂直に結んだところに印をつける。

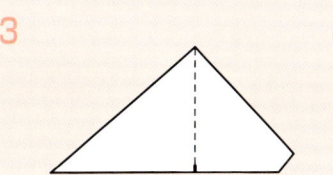

4 印を中心に円すい状に巻く。巻き終わったら上の部分を内側に折り込む。

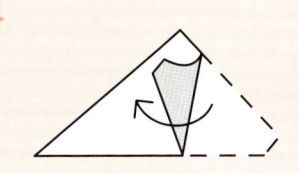

線で描く絞り

クリスマスのくつ下を描く
しま模様のくつ下を絞り、ラズベリーやキウイでかわいく飾ります。

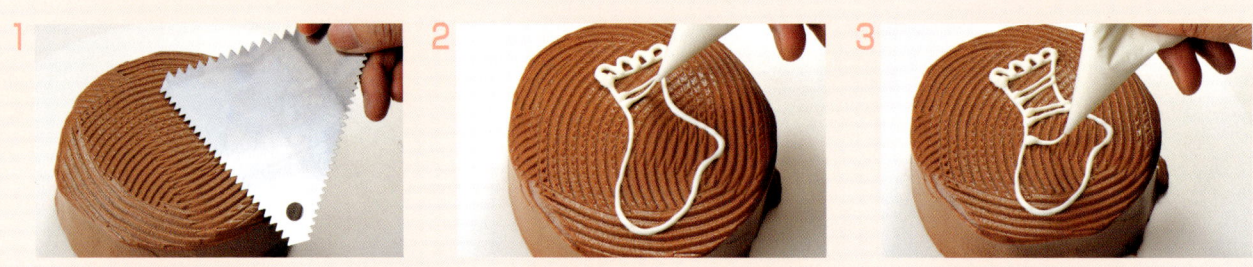

1 コームで上面に模様をつける。ペーパーコルネの先を1〜2mm切り、くつ下をイメージして一気に描く。少し上から絞ると細いラインが描ける。

4 ラインの間をぬり、しま模様のくつ下にする。刻んだラズベリーやキウイ、アラザンを飾る。

ハートの絞り

ハートでいっぱいのツリーを描く

クリスマスツリーの葉が茂って見えるよう、たくさんのハートを飾ります。

1. コームで上面に模様をつける。ペーパーコルネの先を1〜2mm切り、クリスマスツリーをイメージして、枝が左右対称になるようにダイナミックに描く。

4. ツリーの頂上から下へ左右の外側にハートを絞り（p.37参照）、ツリーの下、内側を埋めていく。ピンクペッパー、刻んだキウイ、アラザンなどを飾る。

ペーパーコルネで幾何学模様を描く

Tarte au thé vert 抹茶トルテ

天板1枚で大きなケーキ1つと小さなケーキが3つできます。ペーパーコルネで直線模様を描くだけだから、絵が苦手な方でも大丈夫！

【材　料】（24×27cmの天板1枚分）

［抹茶入りビスキュイ］
卵　2個
砂糖　50g
水　大さじ1
小麦粉　45g
抹茶　小さじ1 1/2

［あずきのクリーム］
ゆであずきの缶詰　40g
生クリーム　80g

［抹茶入りクレーム・シャンティ］
生クリーム　100g
砂糖　8g
抹茶　小さじ2/3
洋酒　小さじ1

【作り方】

◆抹茶入りビスキュイを作る

1 卵を卵黄と卵白に分ける。ボウルに卵白を溶きほぐし、砂糖を入れて泡立て、九分立てのメレンゲを作る（p.23参照）。
2 1のメレンゲに卵黄と水を加えて混ぜる。ふるった小麦粉と抹茶を加えて混ぜ合わせる。
3 天板がもう1つあれば、2つ重ねて二重天板にし（ソフトな焼き上がりになる）、オーブンシートを敷いて生地を流し、170℃のオーブンで12～15分焼く。

◆あずきのクリームを作る

4 生クリームは氷水にあてて泡立て、六分立てにする（a・p.9参照）。
5 4にゆであずきを加えて混ぜ、軽く泡立てる（b～d）。

仕上げ＆デコレーション

6 焼き上がった3を4cm幅に6等分する。四隅のカーブした部分を1cmほど切り落とす（e～g）。
7 巻きやすくするため、ビスキュイに切り込みを入れる（h）。
8 7の上に5のクリームをナッペする（i～k）。

a
b
c
d

Decoration technique

生地の切り方とクリームのナッペの仕方

e 焼き上がった生地を4cm幅に切り、6本の生地に分ける。

f カーブしている角の4カ所を1cmほど切り落とす。

g 4本の生地と少し短い2本の生地ができる。

h 巻き始めになる部分に3本ぐらい切り込みを入れる。

i クリームをすべて生地の上に落とし、四隅までいき渡るようにのばす。

j 全体に広げていく。

k たっぷりクリームをのせたところ。

クリームの量で大きさが変わります

広い面にクリームをぬり広げるときは、クリームを中央に落としたら、まず四隅にクリームが行き渡るように広げ、それから全体にのばします。クリームの量でケーキの大きさが変わるので、好みで量を調節しましょう。

9　小さな抹茶トルテを作る。長いほうの1本をクルクルと巻いて、最後に端を三角形に切り落とし、表面のクリームをならす。同様にして、もう2個作る。

10　大きな抹茶トルテを作る。同様に巻いて、巻き終わりに次の生地をつなげ、3枚の生地（長いほう1本・短いほう2本）をつなげていく。巻くごとに手でギュッと生地を円形にまとめ、最後に端を三角形に切り落とし、表面のクリームをならす。

◆抹茶入りクレーム・シャンティを作る

11　砂糖と抹茶を合わせ、生クリームに加え、さらに洋酒を加える。氷水にあてて泡立て、八分立てにする。

12　9、10それぞれに抹茶入りクリームをたっぷりのせ、パレットナイフの角度を8～10度ぐらいにして、上面とサイドをナッペする。

抹茶のトルテをカットすると縦にストライプ模様が入っています。ちょっと不思議で楽しいケーキ。

Decoration technique

上面に模様を描く
大きな抹茶トルテ 抹茶入りクレーム・シャンティをペーパーコルネに入れ、先端を1〜2mm切り、絞る。

1 円周を8等分した位置に竹ぐしで印をつける。

2 印をつないで正方形を2つ描く。

3 正方形の重なった部分に横に線を描く。

4 縦にも線を描き、格子模様にする。

小さな抹茶トルテ-1

1 正三角形を描く。

2 正三角形の各辺の中央に印をつける。

3 印を結んで内側にも三角形を描き、外側と内側の三角形の間に横に線を3本描く。

4 外側の三角形の周りに横に線を3本ずつ描く。

小さな抹茶トルテ-2

1 中心を通って円を8等分する線を描く。

2 左右対称になるようにV字形に斜めの線を3本描く。

3 隣は方向を変えて、左右対称になるように斜めの線を3本描く。

4 交互に同じ模様を繰り返す。

小さな抹茶トルテ-3

1 中心を通って十字に線を描き、できた1/4面に横に線を4本描く。

2 隣の1/4面に、方向を変えて線を4本描く。

3 残りの半分の面も、同様に線を描く。

4 でき上がり。

パレットナイフで模様を描く

Tarte au chocolat タルト オ ショコラ

パレットナイフを使えば、絞りよりも手軽に模様を描くことができます。小さめのパレットナイフを選び、生クリームは上から落としたとき跡が残るくらいのかたさに泡立てましょう。

【材料】（直径15cmのホール1台分）

[タルト生地]
バター　30g
粉糖　15g
卵黄　1/2個分
小麦粉　60g
卵白　適量

[チョコレートクリーム]
卵黄　1 1/2個分（Sサイズなら2個分）
牛乳　150g
┌ 砂糖　25g
└ コーンスターチ　15g
┌ ゼラチン　小さじ1
└ 水　大さじ1
バター　5g
チョコレート　40g
洋酒　小さじ1 1/2

[クレーム・シャンティ]
生クリーム　80〜100g
砂糖　小さじ1〜2
洋酒　小さじ1〜2

【作り方】

◆タルト生地を作る

1　ボウルにやわらかくしたバターと粉糖を入れてすり混ぜ、卵黄を加えてさらに混ぜる。
2　小麦粉を加えてすり混ぜ、ボウルの中で丸くまとめて取り出し、ビニール袋で包み、冷蔵庫で30分〜1時間ほど寝かせる。
3　2をビニール袋にはさみ、めん棒でセルクルの直径（15cm）プラス高さ（3cm）分にのばし、セルクルにセットして、ピケをする。
4　170℃のオーブンで約15分焼く。いったん取り出し、ほぐした卵白をはけで塗り、さらに1〜2分焼く。

◆チョコレートクリームを作る

5　ボウルに卵黄を入れてほぐし、牛乳30gを先に加えてのばす。合わせた砂糖とコーンスターチを加えてよく混ぜる。

a

b

6　残りの牛乳を鍋に入れて沸騰直前まで熱し、5を加えて、ふつふつするまで煮上げる。
7　6に分量の水でふやかしたゼラチンを加えて混ぜ、バター、刻んだチョコレート、洋酒を加えて混ぜる。
8　4のタルト生地に中央が高くなるように山形に流し、冷蔵庫で冷やし固める。

◆クレーム・シャンティを作る

9　生クリームに砂糖と洋酒を加え、氷水にあてて七分立てにする（a・p.9参照）。

仕上げ＆デコレーション

10　8の上にクリームを軽くナッペし（b）、パレットナイフで模様を描く。
11　残りのクリームを八分立てにし、口径10mmの丸口金をつけた絞り袋に入れ、タルトの縁に一周丸く絞る（c）。

c

Decoration technique

うず巻き模様の描き方

1　2　3　4

回転台にタルトをのせて、手前にまわしながら、中心から縁に向かって、等間隔に一周カーブを描いていく。

Decoration technique

パレットナイフの模様のバリエーション-1

カーブの描き方

1, 2

クリームを山形にナッペし、向こう側からドーム状に沿ってラインを描く。

3, 4

中央から手前側は、パレットナイフの先端を使って同じようにラインを描く。

Decoration technique

パレットナイフの模様のバリエーション-2

さざ波模様の描き方

1, 2

パレットナイフにクリームをつけ、軽く押して離し、ツノを立てる。

3, 4

ランダムに大小さまざまなツノを全体に作って、波のような模様を描く。

Part 2
飾りのテクニック

お菓子やケーキの飾りは、ひと目見ただけで引きつけられるもの。
とくにイベントのお菓子に飾りがあると、
大人も子どももワクワクした気持ちになります。
クリスマスや誕生日などの記念日だけでなく、
ふだんのお菓子やケーキも、ちょっと飾ってみませんか。

プラスチックチョコレート

作りたいお菓子やケーキに合わせて
プチ飾りから豪華な飾りまで

さりげなくおしゃれなお菓子にしたい、豪華で目を引くケーキにしたいなど、作りたいお菓子やケーキのイメージはさまざまですね。プラスチックチョコレート（細工用チョコレート、通称プラチョコ）を使うと、どんなお菓子やケーキでも、イメージに合わせていろいろな飾りを作ることができます。たとえば、バースデーなど記念日のときはケーキの上面に華麗な花をあしらったり、出産祝いのときはベビーシューズとケーキを組み合わせたり、マカロンなどのシンプルな焼き菓子もプラチョコの飾りをつければ、かわいいお菓子に早変わりします。

■プラスチックチョコレートってどんなもの？

プラチョコは粘土のように自由に形作ることができ、味はホワイトチョコレートに似ています。普通のチョコレートとホワイトチョコレートがあり、ホワイトチョコレートは食用色素を使って染めてもOK。ピンク色に染めたいときは、少量の赤い食用色素をつま楊枝でつけて練り混ぜます。プラチョコはインターネットなどで購入できるほか（巻末参照）、手作りすることもできます。

写真
上：普通のプラチョコとホワイトのプラチョコ
下：食用色素を少し混ぜて練るとピンク色に染まる

プラチョコの作り方

【材料】（作りやすい分量）
製菓用チョコレート　100g
水あめ　30g
シロップ（水10g、砂糖12g）

【作り方】
1　製菓用チョコレートは湯せんにかけて溶かす。
2　水あめにシロップを加え、湯せんにかけて溶かす。
3　1と人肌くらいの2を混ぜ合わせて、冷水にあてて冷やしながらよく練る。

■STEP 1　ハートのバラのプレートを作ろう

ケーキがワンランクアップする、小さな飾りから作ってみましょう。

1　ビニール袋ではさんだプラチョコをめん棒で薄くのばす（くっつきやすいので、コーンスターチで打ち粉をするとよい）。

2　ハートの抜き型で抜く。

3　下にスポンジ（化粧用で代用できる）を敷き、マジパンスティックで縁を押して薄くし、ヒラヒラさせる。

ハートの中央に小さなプラチョコのバラの花（p.49参照）をつけてケーキのトップに（p.32参照）。

STEP 2 バラの花を作ろう

豪華なバラの花はケーキを引き立ててくれます(p.68参照)。手が温かい人は、保冷剤で冷やしながら作ってください。

1 花芯を作る
プラチョコ70gでバラの花を作る。1〜2cmの球を作り、ビニール袋にはさんで手のひらで押して平らにし、指で楕円形にする。縁は薄く、中央は厚めにのばす。別のプラチョコでどんぐりのような形を作り、のばしたプラチョコを巻きつけ、バラの花芯にする。

2 花びらを2枚つける
1〜1.5cmぐらいの球を2個作り、1と同じ要領でそれぞれ楕円形にし、上のほうだけを薄くのばし、2枚を花芯に巻きつける。

3 花びらを3枚つける
1.5〜2cmぐらいの球を3個作り、2と同じ要領でのばし、上のほうの縁を少し反らせてバラの花びらの形にする。少しずつ重ねながら2に3枚を巻きつける。上から見たとき花びらのポジションが三角形になるのがコツ。

4 花びらを4枚つける
2cmぐらいの球を4個作り、3と同じ要領で花びらの形にする。でき上がったら、形がくずれないようにガラスの器の底などに貼りつけておく。少しずつ重ねながら3に4枚を巻きつける。上から見たとき花びらのポジションが四角形になるのがコツ。

プラチョコでベビーシューズを作る
Baby shoes of birth celebration 誕生祝いのベビーシューズ

ケーキの上にプラチョコで作ったベビーシューズをのせると、素敵な誕生祝いのケーキに。
ベビーシューズは長さ5cm、幅3cmのミニサイズなので、
型紙どおりにプラチョコをカットして組み立てれば手軽にできます。
タックを前に寄せたり、飾りカバーをカーブさせるところは、ていねいに作りましょう。

【材料と道具】

- プラチョコはシューズの本体約80ｇ、ほかのパーツは合わせて約20ｇ、プレートは約20ｇ使用。
- ホワイトチョコレート　適量
- ベビーシューズの型紙(p.126参照)
- めん棒
- パイカッター（カーブの部分をカットするときに便利）
- マジパンスティック
- スポンジ（化粧用で代用できる）
- 小さな花の抜き型（シュガークラフト用）
- 打ち粉（コーンスターチ）・ガーゼ
- ビニール袋　・つま楊枝
- 食用色素（赤）

右からめん棒、パイカッター（波形）、パイカッター。
トレーの右はマジパンスティック（3本）、左上はスポンジと小さな花の抜き型（大・小）、左下はベビーシューズの型紙。

打ち粉（コーンスターチ）をガーゼで包んだもの。プラチョコはくっつきやすいので、のばすときなどに使う。

Decoration technique

ベビーシューズの作り方

1 プラチョコをのばして型紙に沿って切る

プラチョコをビニール袋にはさみ、打ち粉をして、中敷きの厚さは2mm、ほかのパーツは1mmぐらいの厚さにめん棒でのばし、型紙に沿ってカットする。中敷きは土踏まずのところを指で押してへこませる（4）。飾りカバーは食用色素でピンク色に染めて(p.48参照)からのばし、あれば波形のパイカッターでカットすると縁に模様ができる。

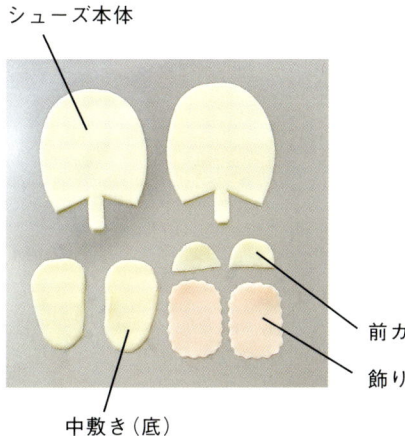

シューズ本体

前カバー

飾りカバー

中敷き（底）

1

2

3

4

5

2 シューズ本体に底をつける

シューズ本体の上に中敷きをのせて、前部分とサイドを立ち上げる。前部分はタックを寄せて丸みをつける。ホワイトチョコレートを湯せんにかけて溶かし、接着剤にする。後ろ部分を立ち上げ、竹ぐしで接着剤をつけて合わせる。

ふっくらと愛らしく仕上げて

ベビーシューズの前部分にタックを寄せるとき、つま先をとがらせると大人っぽく見えます。先の部分は少し幅広にして、ふっくらと、愛らしく見えるように作りましょう。

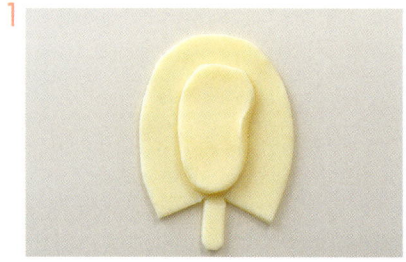

3 前カバーをつける

前カバーは打ち粉をしてマジパンスティックで縁を押してカーブさせ、接着剤でつける。

4 飾りカバーをつける

飾りカバーはシューズの前部分に合わせて、打ち粉をしてマジパンスティックで押してカーブさせ、指でギャザーを寄せる。接着剤をつけてシューズの前部分に取りつけ、ギャザーを寄せた部分を少し立たせる(4・5)。つま楊枝の背で飾りカバーの縁を押して模様をつける。

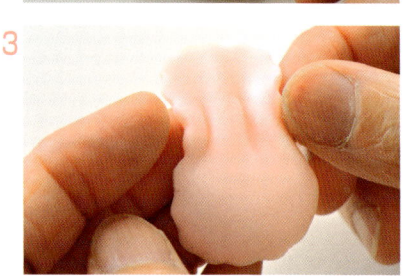

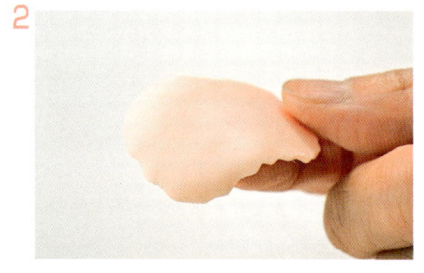

5 後ろ側に縫い目をつける

シューズの後ろ側にマジパンスティック（またはつま楊枝）で縫い目をつける。

6 リボンをつける

打ち粉をしてプラチョコを薄くのばし、小さな花の抜き型（大）で抜く。花びらを1枚カットして、リボンの形にする。リボンの中央にプラチョコで結び目をつけ、接着剤をつけて飾りカバーにつける。

7 小さな花を飾る

接着剤をシューズの足首部分につけ、抜き型（小）で抜いた花をつける。ホワイトとピンク色に染めたプラチョコを薄くのばして抜き型（小）で抜き、打ち粉をして、花の中央をマジパンスティックで押し、それぞれ飾りカバーにつける。

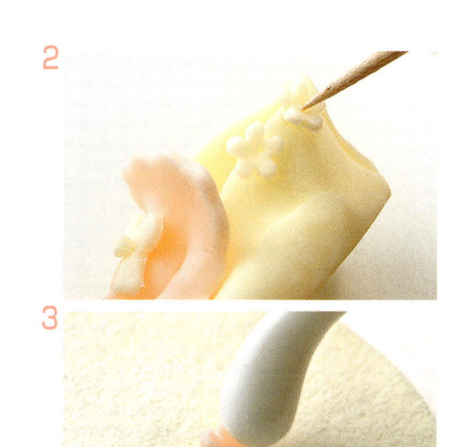

ベビーシューズを置くプレートは、直径8～9cmの花の型（菊型）で抜き、マジパンスティックで縁に模様をつける。

プラチョコでスイートピーを作る

Sweet peas スイートピー

ヒラヒラした可憐なスイートピーの花をプラチョコで作れば、
バースデーや特別な日のお祝いにぴったりの華やかなケーキになります。
作り方のポイントは、花びらをきめ細やかに作ること。
開き具合を手で調節しながら丹念に組み立て、縁に少しだけ色粉をにじませて色づけし、自然な仕上がりにしましょう。

【材料と道具】

- プラチョコは80〜100ｇ使用
- ホワイトチョコレート　少量
- スイートピーの抜き型
- 星の抜き型
- 丸口金
- ビニール袋
- めん棒
- 絵筆
- パレットナイフ
- マジパンスティック
- スポンジ（化粧用で代用できる）
- スポンジ（台所用など）
- 打ち粉（p.51参照）
- つま楊枝
- 食用色素（赤・緑）
- パイカッター
- 定規

左から、丸口金、スイートピーの外側・内側の花びらの抜き型、星の抜き型

Decoration technique

スイートピーの作り方

1　花芯と花びらを型で抜く

プラチョコをビニール袋の間にはさみ、めん棒で1mmぐらいの厚さにのばす。丸口金の反対側を使って1.5cmの円を8枚抜く。スイートピーの花びらは外側と内側それぞれ抜き型で8枚ずつ抜く。

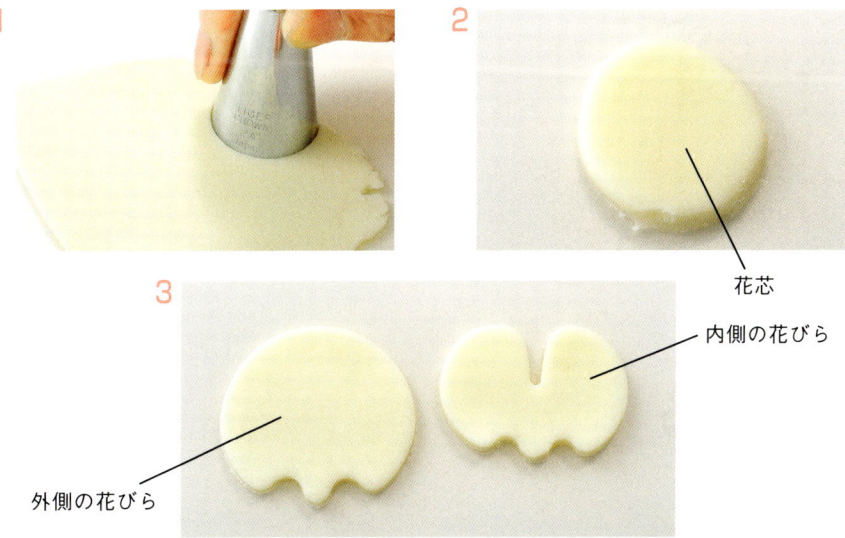

花芯

内側の花びら

外側の花びら

2　花芯を作る

スポンジ（化粧用）の上に円形に抜いたプラチョコを置き、打ち粉をして、マジパンスティックで押して縁を薄くする。打ち粉がついていない面を内側にして接着剤（湯せんにかけて溶かしたホワイトチョコレート）をつけ、中央につま楊枝をつけて花芯を作る。でき上がったらスポンジ（台所用など）に刺しておく。これを8個作る。

3　内側の花びらをつける

スポンジの上にスイートピーの型で抜いた内側の花びらを置き、打ち粉をして、縁をマジパンスティックで押して薄くする。花びらの中心に接着剤をつけ、花芯をくるむように包んで花びらが少し開いた状態にする。スポンジに刺して接着剤を乾かす。

> **接着は軽い押し加減できれいに**
>
> 花芯に花びらを接着するとき、指で強く押すとすべったり、花びらがつぶれてしまったりすることがあります。花びらの状態が保てるように注意しながら、軽く押さえてきれいに接着しましょう。

4　外側の花びらをつける

スポンジの上にスイートピーの型で抜いた外側の花びらを置き、打ち粉をして、縁をマジパンスティックで押して薄くする。花びらの中心に接着剤をつけ、3の外側に貼りつけて2枚の花びらの形をきれいに整える。スポンジに刺して接着剤を乾かす。2〜4の要領で8個の花を作る。花の開き方は好みでいろいろあってよい。

5 花びらに色をつける

赤の食用色素は水に溶かずに、そのまま花びらの縁に少しずつつける。スポンジに刺して、ひと晩乾かす。乾かすとき冷蔵庫に入れるとかたくなってしまうので、常温のままひと晩おく。

粉糖を混ぜてピンク色に

ピンク色にしたいときは、食用色素に粉糖を少し混ぜて調節するとよいでしょう。

6 茎とがくを作る

プラチョコに緑色の色粉を少量加え、練り混ぜて緑色に染め、ビニール袋の間にはさみ、めん棒で厚さ1mm、幅3cm、長さ20cmぐらいにのばす。定規をあてながら、まっすぐパイカッターで5〜6mm幅に切って茎を5〜6本作る。1mm厚さにのばした緑色のプラチョコを星型で抜いて、がくを8枚作る。5の花の根元に接着剤をつけ、がくをつける。

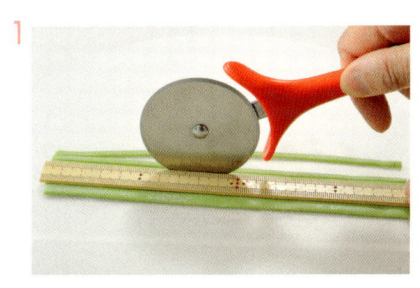

7 ケーキの上にのせる

ケーキ（p.61参照）の上にセットする前に、同じサイズのセルクルの中に茎を置き、配置をチェックする。確認できたら、ケーキの上に茎をセットし、パレットナイフなどを使って花もセットする。

プラチョコで花びらを作る

Macaron "Sakura" 桜のマカロン

桜色のマカロン生地にプラチョコで作った桜の花びらをのせて、季節感あふれるマカロンに。ちょっとした飾りをつけるだけで、インパクトのあるお菓子になります。

【材料】(15〜20個分)

[マカロン生地]
- 卵白 50g
- 砂糖 20g
- 乾燥卵白 少々

粉糖 100g
アーモンドパウダー 50g
食用色素(赤) 小さじ1/3

[バタークリーム]
- 卵白 35g
- 砂糖 20g

バター 100g
桜葉塩漬け 少々
抹茶 少々

[花びらの飾り]
プラスチックチョコレート(ホワイト) 少量

【作り方】

◆マカロン生地を作る

1. 小さいボウルに砂糖と乾燥卵白を入れ、よく混ぜておく(乾燥卵白を加えると、焼き上がったマカロンが丈夫になる)。
2. ボウルに卵白を入れ、1を加えてハンドミキサーで泡立て、100%のメレンゲを作る(p.23参照)。
3. 粉糖、アーモンドパウダー、食用色素を合わせてふるい、2に加え、ゴムべらでボウルに生地をこすりつけるようにすり混ぜる(a)。ボウルの内側につけると、ダラッと落ちるくらいなめらかな生地になればOK(b)。
4. 10mmの丸口金をつけた絞り袋に3を入れ、オーブンシートを敷いた天板に直径2〜3cmの円を絞り出していく。
5. 生地を乾燥させる(①室温で10〜30分おく。②オーブンを150〜200℃に温めてから、オフにして5分ほど入れておく。③オーブンを35〜40℃に温め2分ほど加熱する。①〜③のいずれかの方法で、表面がべたつかない程度に乾燥させる)。
6. あれば二重天板にして、160℃のオーブンで8分加熱し、そのあと150℃に下げて6分加熱し、そのまま冷ます。

◆バタークリームを作る

7. ボウルに卵白と砂糖を入れ、湯せんにかけて熱を通し(殺菌のため)、100%のメレンゲにする(p.93参照)。
8. 別のボウルにやわらかくしたバターを入れてハンドミキサーでほぐし、7を3〜4回に分けて少しずつ加えてよく混ぜ、ふんわりとしたクリームにする(c)。
9. 8のクリームを半量ずつに分け、一方には刻んだ桜葉塩漬け、もう一方には抹茶を加えて混ぜる。
10. ペーパーコルネに9のクリームをそれぞれ入れ、桜葉塩漬け入りは6の中央に絞り、抹茶入りはその周りに小さな球を絞り、サンドする(d)。
11. ホワイトチョコレート(分量外)適量を湯せんにかけて接着剤にし、プラチョコで作った桜の花びらをつける。

Decoration technique

プラチョコの桜の花びらの作り方

1. プラチョコをビニール袋にはさみ、めん棒で1mm厚さにのばす。
2. しずく形の抜き型があれば、型抜きをする。 
3. しずく形の抜き型がない場合は、10mmの丸口金で抜く。 
4. 円形に抜いたものを、丸口金を使ってしずく形にカットする。 
5. しずく形に抜いたところ。 
6. 切り込みを入れて花びらっぽくする。 
7. 打ち粉(p.51参照)をして、マジパンスティックで押して薄くする。 
8. でき上がり。

チョコレートの飾り（オーナメント）

かわいく見せたり、シャープに見せたり、お菓子やケーキに添えるだけで印象が変わる

クルクルひねった飾り、レースのような飾りなど、オーナメントがあるだけでお菓子やケーキの表情が変わります。チョコレートを湯せんで溶かし、OPPシート（セロハン、ケーキフィルともいう）に広げてカットしたり、絞り出したりすれば、思うままのオーナメントができ上がり。このとき「テンパリング」という温度調節をして、チョコレートに含まれる油脂の結晶を整え、きれいに固まるようにします。温度調節といっても温度計を使わずにできる方法があるので、ぜひマスターしてください。

テンパリングに失敗したときは……

なかなか固まらず、ベトベトしている場合は失敗。もう一度湯せんにかけて最初からやり直す。

テンパリングの方法

1 ボウルにチョコレートを入れ、湯せんにかけて溶かす（このときチョコレートの温度は40℃ぐらい）。

2 チョコレートが溶けたら、夏は氷水、冬は水にあてて冷まし、ゴムべらでこすったときに、ボウルの底に薄くチョコレートがつくくらいまで冷ます（このときチョコレートの温度は27℃ぐらい）。

3 再びチョコレートを2秒ほど湯せんにかけ、よくすり混ぜる。

4 チョコレートをパレットナイフや紙などに薄くつけて、すぐに固まり、光沢がなければ、テンパリングの成功。

■ STEP 1　板上のショコラの飾りを作ろう

羽のような形にする

1 OPPシートの上にテンパリングしたチョコレートを薄くのばす。

2 室温でチョコレートを固めたらOPPシートをはがす。

3 手で割って好みの形にする。

ホワイトチョコレートでも同様に作れる。

シャープな形にする

1 チョコレートが完全に固まる前（表面が少し乾いた状態）にナイフで切り込みを入れる。

2 しっかり固まったら、ゆっくりシートをはがす。

すぐ使わないときは保存しておこう

テンパリングしたチョコレートが残ったときは、OPPシートに薄くのばして室温で固めて保存袋などに入れておくと便利です。夏は冷蔵庫で保存します。

STEP 2 クルクルショコラを作ろう

1 OPPシートの上にテンパリングしたチョコレートを薄くのばす。

2 すぐにコームで横にまっすぐ直線を引く。

3 ひと呼吸おいて、OPPシートの両端を持ってねじり、しばらくそのまま保つ。

4 固まったら、シートをはがしてでき上がり。

STEP 3 模様入りショコラを作ろう

1 溶かしたホワイトチョコレート(テンパリングしない)にカカオバターを少量加え、ペーパーコルネでOPPシートの上にグルグルと円を落書きのように絞る。
※カカオバターはカカオ豆に含まれている脂肪分を抽出したもの。

2 ホワイトチョコレートが固まったら、その上にテンパリングしたチョコレートを薄くのばす。

3 丸口金とその反対側を使って丸い形に抜く。口金を湯につけて温め、水けをふいてから抜くときれいに抜ける。

4 模様入りの飾りのでき上がり。

「スイートピー」のレアチーズケーキの作り方

【材料】(直径15cmのホール1台分)

[レアチーズケーキ]

- ゼラチン　小さじ1 1/2
- 水　30g
- 卵黄　1個分
- 砂糖　30g
- 牛乳　70g
- クリームチーズ　100g
- レモン汁　小さじ1
- 洋酒　小さじ1
- 生クリーム　150g
- ビスキュイ(土台)
  直径15cmのビスキュイ(p.15参照)を厚さ1cmにスライスしたもの

【作り方】

1 ゼラチンは分量の水でふやかし、15分以上湿らせておく。

2 ボウルに卵黄をほぐし、砂糖を加えて混ぜ、熱した牛乳を加え、火をつけたままの湯せんにかけて熱を通し(殺菌のため)、湯せんからおろして1を加えて混ぜる。

3 別のボウルにやわらかくしたクリームチーズを入れてすり混ぜ、レモン汁、洋酒を加えて混ぜる。

4 3のボウルに2を少しずつ加えてよく混ぜる。

5 生クリームを七分立てにし(p.9参照)、4に加えて、氷水にあてて冷やす。

6 型の底にビスキュイを敷き、5を型に流し込んで冷蔵庫で冷やし固める。

チョコリングのアクセサリーを飾る
Truffe de champagne シャンパントリュフ

アクセサリーをイメージして、ペーパーコルネでリングを絞り、チョコレートにさりげなくかけます。シャンパンを使った大人向けのトリュフなので、アラザンなどでゴージャスに演出しましょう。

【材料】(15〜20個分)

[コインチョコレート(トリュフの土台)]
チョコレート　30g

[センター用ガナッシュ(トリュフの中心)]
チョコレート　80g
ホワイトチョコレート　20g
生クリーム　30g
シャンパン(またはスパークリングワイン)　30g

[コーティング用・飾り用チョコレート]
チョコレート　150g
ホワイトチョコレート　50g
アラザン、ピンクペッパー　各適量

【作り方】

◆コインチョコレートを作る

1　チョコレートをテンパリングする(p.60参照)。OPPシートにチョコレートを薄くのばして広げ、固まりかけたところを丸口金の反対側で抜く(a)。直径2.5cmぐらいの円形のチョコレート(コインチョコレート)が15〜20枚ぐらいできる。

◆センター用ガナッシュを作る

2　ボウルにチョコレートとホワイトチョコレートを入れて湯せんにかけ、溶けたら湯せんからはずす。

3　生クリームを湯せんにかけ、人肌より少し温かいくらい(40℃ぐらい)にする。

4　2に3を2〜3回に分けて加え、そのつどボウルの中心からゴムべらをクルクルまわして混ぜる(b)。

5　シャンパンを半量加え、ボウルの中心からゴムべらをクルクルまわして混ぜ、残りの半量も加えて混ぜる。ボウルの側面にチョコレートをすり合わせてきめを細かくし(c)、冷蔵庫で5〜6分冷やす。

6　少しとろみがついたら、泡立て器で5を泡立て、持ち上げて落としたチョコレートの跡が残るくらいになったら(d)、10mmの丸口金をつけた絞り袋に入れる。

7　1のコインチョコレートの上に、2.5〜3cm高さに絞る(e)。

◆コーティング用チョコレートを作って上がけする

8　チョコレート、ホワイトチョコレートを合わせてテンパリングする。トランペ用フォーク(またはパレットナイフ)の先端に7をのせ、真上からテンパリングしたチョコレートをかける(f)。

9　残ったチョコレートは再度テンパリングして、飾り用にする(g〜i)。

Decoration technique

ハート&リングの作り方

g　ペーパーコルネにテンパリングしたチョコレートを入れてハートのリングやしずく形、ハートなどを絞る。

h　湯せんにしたチョコレート(分量外)を接着剤にして、ハートやしずく形をチョコレートにつける。

i　ハートのリングはチョコレートにひっかける。竹ぐしでチョコレートの接着剤をハートのリングにつけ、ピンクペッパーなどをつける。

チョコレートのレースを飾る

Bavarois aux fraise ババロアフレーズ

チョコレートで作った飾りを斜めにセットして、風車のように飾ります。直径15cmの円を8等分にした型紙を使いますが、円を10等分して型紙を作り、さらに繊細なチョコレートのレースの飾りにしてもきれいです。

【材料】（直径15cmのホール1台分）

［ビスキュイ］
卵　1個
砂糖　30g
小麦粉　30g
水　小さじ2
バター　10g

［ストロベリームース］
ゼラチン　大さじ1
水　50g
いちごのピューレ　250～300g
砂糖　50～60g
洋酒　小さじ2
生クリーム　150g

［飾り］
チョコレート　100g
いちご　2個

【作り方】

◆ビスキュイを作る
1　p.15の要領で直径15cmの丸型でビスキュイを作る。
2　焼き上がったら2枚にスライスする。

◆ストロベリームースを作る
3　ゼラチンは分量の水でふやかし、湯せんにかけて溶かしておく。
4　いちごのピューレに砂糖、3、洋酒を加えてよく混ぜる。
5　生クリームを七分立てにし（p.9参照）、4に加えて混ぜる。

仕上げ＆デコレーション

6　直径15cmのセルクルに2のビスキュイを1枚セットし、5のムースを半量流し込み、もう1枚のビスキュイをセットし、残りのムースを流して冷やす。
7　レースのチョコレートを作る。チョコレートをテンパリングし、ペーパーコルネに入れる。P.126の型紙の上にOPPシートを置き、レース状に絞り、同じものを8枚作る。
8　いちご2個を縦1/4にカットし、6の上に8等分になるように置き、その上に7を立てかける。

Decoration technique

チョコレートのレースの作り方

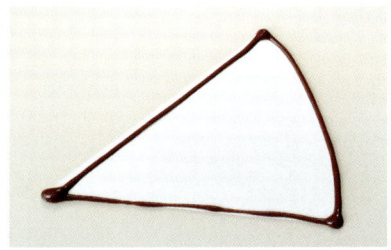

a　p.126の型紙の上にOPPシートを置き、ペーパーコルネで型紙に沿って縁取りをする。

b　唐草のような模様を描いていく。

c　模様がつながっていないと割れてしまうので、必ず縁につなげる。

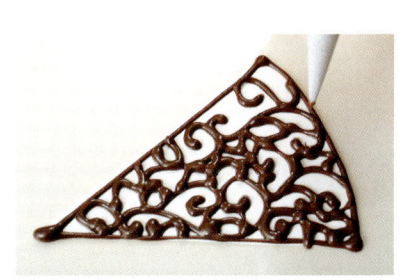

d　すき間を模様でうめていく。

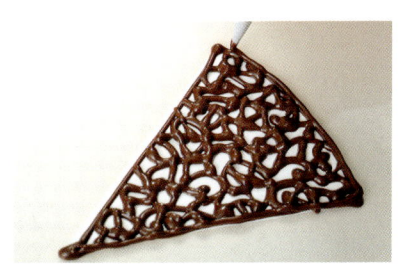

e　縁のラインをもう一度絞って補強する。

f　縁に一周ドットを絞り、華やかにする。

転写ショコラのリボンを飾る
Present cake of ribbon リボンのプレゼントケーキ

チョコレートケーキに大きなリボンをかけた、ダイナミックなデザイン。市販の転写シートはチョコレートを流して固めるだけで模様ができ上がるので、シール感覚で手軽に。

【材料】（24×27cmの天板1枚分）

[コーヒー入りビスキュイ]
卵　2個
砂糖　60g
水　小さじ2
小麦粉　60g
バター　20g
┌ インスタントコーヒー　小さじ2
└ 湯　大さじ1

[ガナッシュ]
生クリーム　75g
チョコレート　75g
バター　30g
洋酒　小さじ1

[シロップ]
水　25g
砂糖　10g
洋酒　小さじ1

[チョコレートのリボン]
チョコレート　適量
転写シート　適量

【作り方】

◆コーヒー入りビスキュイを作る

1. p.15の要領でビスキュイを作る。インスタントコーヒーは分量の湯で溶かし、溶かしバターと同時に混ぜる。
2. 天板に生地を流し、170℃のオーブンで約15分焼く。

◆ガナッシュを作る

3. ボウルにチョコレートを入れて湯せんで溶かす。
4. 生クリームを湯せんにかけて温め、人肌になったら2回に分けて3に加え、混ぜ合わせる。
5. 別のボウルにやわらかくしたバターを入れ、4を加えて混ぜ合わせる。
6. 5に洋酒を加えて混ぜる。

仕上げ＆デコレーション

7. 2のビスキュイを4等分し（a）、水、砂糖、洋酒を混ぜ合わせたシロップをはけで打つ。
8. 6のガナッシュをサンドして生地を重ね、上面とサイドもガナッシュでナッペし、冷蔵庫で冷やす（ガナッシュはリボンの接着剤として使うので少量残しておく）。
9. リボンを貼りつけるため、ケーキのサイド4辺の中央に印をつけておく（b）。
10. ケーキに貼りつけるリボンを作る。転写シート3×10.5cmを2枚、3×11.5cmを2枚用意する。チョコレートを湯せんで溶かし、転写シートに流してのばす。ケーキにつけた印に合わせて、転写シートを4辺に貼りつけ、冷蔵庫で冷やす（c）。固まったらシートをはがす（d）。
11. ケーキの上面に飾るリボンを作る。転写シート3×12〜14cmを9枚用意する。チョコレートを湯せんで溶かし、テンパリングをする（p.60参照）。転写シートに流してのばし（e・f）、乾ききる前にしずく状にカーブさせて両端をくっつける（g・h）。冷蔵庫で冷やし、固まったらシートをはがし、ガナッシュを接着剤にして上面にリボンをつける（i〜l）。

a 
b 
c 
d

Decoration technique

転写ショコラのリボンの作り方

e 転写シートをクリップでとめ、テンパリングしたチョコレートを流す。 
f パレットナイフをすべらせて、シートから少しはみ出るくらいに均一にのばす。 
g チョコレートが乾ききる前に、シートの両端の内側をくっつける。 
h 冷やし固めてシートからはがす。

i ガナッシュを接着剤にして、写真のようにリボンを4個つける。
j さらに内側に向かい合わせてリボンを2個つける。 
k もう一方にもリボンを2個つける。 
l 残りのリボン1個を中央につける。

チョコスタンプで模様をつける

Gâteau au chocolat de rose バラのショコラケーキ

丸口金の反対側を使って溶かしたチョコレートをスタンプのように押して模様に。バラ園の柵をイメージしてサイドを囲みます。

【材料】（直径12cmのホール1台分）

[ココア入りビスキュイ]
卵　1個
砂糖　30g
水　小さじ1
小麦粉　25g
ココア　5g
バター　10g

[チョコレートムース]
バター　60g
┌ チョコレート　40g
└ カカオマス　10g
┌ 卵黄　1個分
└ 水　大さじ1
┌ 卵白　1個分
└ 砂糖　25g
洋酒　小さじ2

[シロップ]
水　25g
砂糖　10g
洋酒　小さじ2

[飾り]
チョコレート　適量

プラチョコのバラの花（p.49参照）1個と葉2枚
※カカオマスはカカオ豆の皮と胚芽を除いてペースト状にしたもの。

【作り方】

◆ココア入りビスキュイを作る

1　ボウルに卵を溶きほぐし、砂糖を加え、湯せんにかけてしっかり泡立てる。
2　人肌になったら湯せんからはずし、さらに泡立ててから水を加え、ふるいにかけた小麦粉とココアを入れ、手早く合わせる。
3　熱い溶かしバターを加え混ぜて型に流し、160℃のオーブンで20〜25分焼く。

◆チョコレートムースを作る

4　バターはやわらかく練る。
5　チョコレートとカカオマスは湯せんにかけて溶かしておく。
6　ボウルに卵黄と水を入れ、湯せんにかけて熱を通し（殺菌のため）、湯せんからはずして泡立てる。
7　別のボウルに卵白と砂糖を入れ、湯せんにかけて熱を通し（殺菌のため）、湯せんからはずして泡立てる（p.93参照）。
8　4のバターと5を合わせ、さらに6、7、洋酒を加えて混ぜる。

仕上げ＆デコレーション

9　3のビスキュイを3枚にスライスし、水、砂糖、洋酒を混ぜ合わせたシロップをはけで打つ。
10　直径12cmのセルクルにビスキュイと8のムースを交互に詰め、冷蔵庫で冷やす。
11　チョコレートを湯せんにして溶かし、OPPシート（5×19cm）に丸口金の反対側を使ってチョコレートをスタンプしていく（a〜h）。
12　10のケーキのサイドに11を貼りつけ、冷蔵庫で冷やす（i）。
13　チョコレートが固まったらOPPシートをはがす（j）。残りのサイドの半分も同様に行って模様を貼りつける。好みで泣かないココア（分量外）を上面にふり、プラチョコで作ったバラとプラチョコをのばして型で抜いた葉を飾る。

i

j

Decoration technique

スタンプ模様の作り方

a　湯せんにして溶かしたチョコレートを使う。テンパリングは不要。
b　丸口金の反対側にチョコをつける。直径は2.5cmぐらい。 
c　OPPシートを固定し、スタンプを押す。 
d　きれいなリングが押せたところ。 
e　上下、左右のリングと少し重なるようにスタンプを押す。 
f　上下4つずつ押したところ。 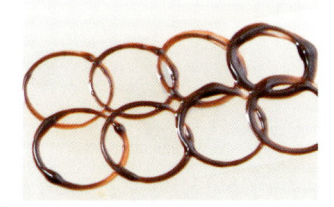
g　4つのリングが重なった中央にスタンプを押す。 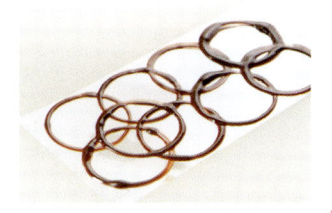
h　OPPシートの端までスタンプを押す。バラ園の柵をイメージして。

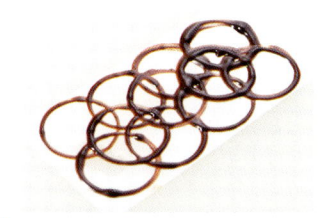

チョコレートのフリルを飾る

Carnations カーネーションのケーキ

三角パレットナイフを使って扇状に薄く削ったチョコレートを重ねます。ふんわり広げて、華やかなカーネーションに仕上げましょう。

【材料】（直径12cmのホール1台分）

[ビスキュイ]
卵　1個
砂糖　35g
小麦粉　35g
バター　20g

[ホワイトチョコのガナッシュ]
ホワイトチョコレート　70g
生クリーム　70g
洋酒　小さじ1

[フリル用チョコレート]
ホワイトチョコレート　50g
ピンクのチョコレート　10g
グレープシードオイル　9g

【作り方】

◆ビスキュイを作る

1. p.15の要領でビスキュイを作る（水は加えない）。
2. 生地を直径12cmのセルクルに流し、160℃のオーブンで20〜25分焼く。

◆ホワイトチョコのガナッシュを作る

3. ボウルにホワイトチョコレートを入れて湯せんで溶かす。
4. 生クリームを湯せんにかけて温め、人肌になったら3に2〜3回に分けて加え、混ぜ合わせる。
5. 4に洋酒を加えて混ぜる。

◆フリル用チョコレートを作る

6. ボウルにホワイトチョコレートとピンクのチョコレートを入れ、湯せんにかけて溶かし、テンパリングをする（p.60参照）。
7. 6にグレープシードオイルを加えて混ぜる。
8. ステンレスボードに7のチョコレートを流して広げる（a）。

9. チョコレートが冷めたら、三角パレットナイフの片端を指で押さえてまっすぐ削り、フリル状に削りとる（b〜d）。ステンレスボードの下にすべり止め（p.4参照）を敷くとよい。

仕上げ&デコレーション

10. 焼き上がったビスキュイの上面とサイドにホワイトチョコのガナッシュをナッペする。
11. 残りのガナッシュを絞り袋に入れて接着剤にし、9のチョコレート（フリル）を外側からつけてカーネーションの花のように仕上げる（e〜l）。

※ステンレスボードはバットの裏、セルクル板、焼き型の底などで代用できます。

Decoration technique

カーネーションの作り方

e 絞り袋にガナッシュを入れ、先を5mmぐらい切り落とす。

f ケーキの上面の縁から7〜8mm内側を一周絞る。

g ガナッシュを接着剤にし、竹ぐしを使ってフリルをつける。

h フリルを一周つけたところ。

i 上面の中央にガナッシュを絞る。

j 外側のフリルに少し重ねながら、内側にフリルをつける。

k 小さなフリルは花の中心に貼りつける。

l カーネーションの花がふんわり広がったように仕上げる。

丸く抜いた線描きショコラを飾る

Mousse au chocolat avec caramel salé 塩キャラメルのショコラムース

線描きしたチョコレートを丸く抜いてケーキに刺した繊細な飾り。ペーパーコルネを使えば細い線を簡単に描くことができます。しずく形のムースにフォークを入れると、塩キャラメルがとろ〜りと流れ出ます。

【材料】（6〜7cmのしずく形 8個分）

[クリスティアン（底生地）]
チョコレート 30g
プラリネペースト 10g
ロイヤルティーヌ
（クレープ生地を砕いたもの） 30g

[塩キャラメルのソース]
砂糖 20g
水あめ 20g
塩 ひとつまみ
水 5g
生クリーム 25g
牛乳 15g

[クリームチーズのムース]
ゼラチン 3g
水 15g
クリームチーズ 50g
牛乳 50g

[チョコレートのムース]
クリームチーズのムース（作ったもの）
 1/2量
チョコレート 40g
ホワイトチョコレート 10g
生クリーム 50g

[ホワイトチョコレートのムース]
クリームチーズのムース（作ったもの）
 1/2量
ホワイトチョコレート 50g
生クリーム 50g

[飾り]
チョコレート 適量

【作り方】

◆クリスティアンを作る

1 6cm長さのムースフィルを丸形にし、折り目をつけてしずく形にする（a・b）。これを8個作る。
2 ボウルにプラリネペーストとチョコレートを入れ、湯せんにかけ溶かす。
3 2にロイヤルティーヌを加えて混ぜる（c）。
4 アルミカップを敷いた1に3をスプーンで入れて平らに敷きつめ（d）、冷蔵庫で冷やす。

Decoration technique

丸く抜いた線描きショコラの作り方

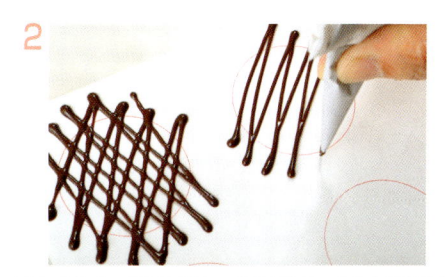

1, 2, 3 チョコレートを溶かしてテンパリングし、ペーパーコルネに入れる。紙に直径4cmの円を描き、その上にOPPシートを置いて、ランダムに線を描く。

4, 5, 6 完全に固まらないうちに直径4cmのセルクルで円を抜く。セルクルを押して軽く回転させるのがコツ。しっかり固まったらシートからていねいにはがす。

◆ 塩キャラメルのソースを作る

5 鍋に砂糖、水あめ、塩、水を入れて火にかける（e）。生クリームと牛乳は合わせて湯せんにかけて人肌以上にしておく（f）。

6 5の鍋を煮つめると（g）、茶色くなってくる（h）。さらに煮つめて細かい泡が出るようになったら（i）、火を止めて5の生クリームと牛乳を加える（j）。混ざったらボウルに移し、氷水にあてて冷ます（k）。

7 絞り袋の先をクリップでとめ、6のソースを入れる（l）。

ダマができやすいので温度に注意

生クリームと牛乳は温かくしておかないと、キャラメルと合わせたときにダマができてしまいます。ダマができてしまったときは、鍋を湯せんにかけてゴムべらでよく練り、なめらかなソースにしましょう。

◆ クリームチーズのムースを作る

8 ゼラチンは分量の水を加えて、湯せんにかけて溶かす。

9 やわらかくしたクリームチーズをボウルに入れて練り（m）、温めた牛乳を加えて（n）泡立て器で混ぜ、さらに8を加えて混ぜ（o・p）、半量ずつに分けておく。

◆ チョコレートのムースを作る

10 ボウルにチョコレートとホワイトチョコレートを入れ湯せんにかけて溶かし、9の半量にしたクリームチーズのムースを2回に分けて加え（q）、ボウルの中央からゴムべらをクルクルまわして混ぜる（r）。

11 生クリームを三分立て（クリームが少しとろっとする程度）にして、10に加えて混ぜる（s・t）。

12 11を絞り袋に入れ、4の上に18gぐらいずつ絞る（u）。

13 さらに7の塩キャメルのソースを中央に絞り（v）、冷蔵庫で冷やし固める。

◆ ホワイトチョコレートのムースを作る

14 ボウルにホワイトチョコレートを入れて湯せんにかけて溶かし、9の残りのクリームチーズのムースを加え、ボウルの中央からゴムべらをクルクルまわして混ぜる。

15 生クリームを11と同様の三分立てにして、14に加えて混ぜる（w）。

16 15を絞り袋に入れて13の上に絞り（x）、冷蔵庫で冷やし固める。丸く抜いた線描きショコラを上面に刺して飾る。

底生地はサクサクした歯応えのチョコレート。カットすると、クリームチーズを加えた2色のチョコレートムースの間から、塩キャメルが流れ出てきます。

75

ナッツのあめがけを飾る

Duo デュオ

かわいい形、香ばしい味のナッツは、お菓子やケーキの飾りにとても重宝します。ここで紹介する2種類のナッツのあめがけは、簡単にできて、素朴な味。チョコレートのお菓子やケーキとの相性も抜群です。

【材　料】（24cm長さのトイ型1台分）

[アーモンド入りビスキュイ]
（24×27cmの天板1枚分）
卵　2個
砂糖　60g
水　小さじ2
小麦粉　50g
アーモンドパウダー　20g
バター　15g

[ナッツのあめがけ]
ヘーゼルナッツ、アーモンド（合わせて）
　20g
砂糖　10g
水　小さじ1
バター　少々

[アーモンドのムース]
┌ 卵黄　2個分（Lサイズなら1個分）
│ 砂糖　20g
└ 水　20g
┌ ゼラチン　5g
└ 水　25g
生クリーム　150g
プラリネペースト　25g
洋酒　小さじ1
チョコレート　30g

[ミロワールショコラ]
ココア　小さじ1
ナパージュ　10g
水　25g
牛乳　25g
チョコレート　50g

【作り方】

◆アーモンド入りビスキュイを作る

1　p.15の要領でビスキュイを作る。アーモンドパウダーは小麦粉を合わせたあとに加えて混ぜる。
2　1をオーブンシートを敷いた天板に流し込み、170℃のオーブンで約12分加熱する。
3　焼き上がったら、6×24cm（底生地用）、3×24cm（サンド用）にカットする。

◆ナッツのあめがけを作る

4　アーモンドは半分〜1/3に切り、ヘーゼルナッツとともに150℃のオーブンで10分ほどから焼きする。
5　鍋に水を入れ、砂糖を加えて加熱し、細かい泡が出るようになったらナッツを加える。ナッツに白い粉がついたら半量取り出し、残りはそのまま火にかける（a〜d参照）。
6　キャラメル色になり、ナッツに火が通ったらバターを加えてナッツ全体になじませ、オーブンシートに取り出してパレットナイフなどでバラバラにほぐす（e〜h参照）。

白と茶色のナッツのあめがけは芯まで火を通す

水と砂糖を煮つめたシロップにナッツを入れてからめ、シロップが粉を吹くまで（再結晶化）加熱したのが白いタイプ。これを香ばしくこがしてキャラメリゼしたものが茶色いタイプです。どちらもナッツの芯まで火を通し、カリカリした歯応えを出すのがコツです。

Decoration technique

2種類のナッツのあめがけの作り方

a　砂糖を完全に溶かし沸騰させる。
b　ナッツを入れ、シロップがからまるようにゴムべらで混ぜる。 
c　水分がとび、シロップが粘ってくるので、ナッツがくっつかないようにゴムべらでばらす。 
d　砂糖がくっついて白っぽくなったら火からおろし、半量取り出す。 
e　残りのナッツを再び火にかけるとキャラメル色に変わってくる。 
f　鍋の中でナッツをゴムべらでまわしながら、火を入れる。 
g　バターを加えてひと混ぜする。 
h　オーブンシートの上に取り出し、熱いうちに1個1個バラバラにほぐす。

◆ アーモンドのムースを作る

7 ボウルに卵黄を入れてほぐし、砂糖を加えて混ぜ（ i ）、水を加えて、火をつけたままの湯せんにかけて熱を通す（殺菌のため・ j ）。

8 粗熱がとれたら、ハンドミキサーで泡立てる（ k ）。ハンドミキサーからタラーッと落ちるくらいになったら、分量の水でふやかし、溶かしたゼラチンを加えて混ぜる（ l ）。さらに洋酒を加えて混ぜる。

9 別のボウルに生クリームを入れ、プラリネペーストを加えて泡立てる（ m・n ）。

10 8に9を加えて（ o ）、泡立て器で混ぜる。もったりしてきたら、泡立て器からゴムべらに替えて混ぜ、ゴムべらでボウルの底に線が残るくらいのかたさにする（ p ）。

◆ ミロワールショコラを作る

11 ココアはふるう。鍋にナパージュ、ココアを入れてゴムべらでやわらかく練り混ぜ（ q ）、分量の水を少しずつ加えてダマにならないように混ぜる（ r ）。牛乳を一度に加えて火にかけて温め、ゴムべらでしっかり混ぜる（ s ）。

12 チョコレートは湯せんにかけて溶かし、11を少しずつ加え、ボウルの真ん中からゴムべらをクルクルまわして混ぜる（ t ）。

仕上げ&デコレーション

13 OPPシートをトイ型に合わせた大きさに切り、型にはめ込んで、クリップでとめておく(u)。

14 13に10のムースを半量流し込み、サンド用のビスキュイを入れる(v)。

15 チョコレートを湯せんにかけて溶かし、残りのムースに加えて混ぜ(w)、14に流し込み、底生地をセットして(x)、冷凍庫で冷やし固める(冷蔵庫で冷やし固めてもOK)。

16 固まった15の上に、12のミロワールショコラを一度にかけ、パレットナイフでのばし、全体に広げる。

17 16の両端を少し切り落とし、ところどころに粉糖(分量外)をかけ、5と6のナッツを飾る。あれば砕いたピスタチオや、クリスマスのオーナメントを飾る。

Decoration technique

ミロワールショコラのナッペの仕方

1 ムースが冷たくないと、ミロワールショコラが溶けたり、生地にしみ込んでしまうので必ず冷えた状態にする。

2 ミロワールショコラを一気に上から全体にかける。

3 側面に落ちていくところをアングルパレットナイフでぬり広げていく。

4 かかっていない部分はアングルパレットナイフでならし、ムラのないようにする。

ナッツ入りショコラでコーティングする

Mont-blanc au chocolat モンブランショコラ

ナッツを加えたガナッシュで円錐形にした生地をコーティングし、クリスマスツリーに見立てたケーキ。ゴツゴツした表情に雪のような粉糖がアクセントになっています。

【材　料】（8個分）

[サブレ（底生地）]
バター　30g
砂糖　20g
卵　8g
小麦粉　65g

[ビスキュイ]
卵　1 1/2個（80g）
砂糖　45g
水　小さじ2
小麦粉（プレーン生地）　23g
　　　（ココア生地）　18g
ココア（ココア生地）　5g
バター（プレーン・ココア生地）　各7g

[ガナッシュ]
チョコレート　80g
牛乳　7g
バター　20g

[パート（生地）]
ビスキュイ（作ったもの2種）　約150g
ガナッシュ（作ったもの）　50g
ラム酒　小さじ1
栗の渋皮煮シロップ　大さじ1
カレンズ（干し山ぶどう）　小さじ1 1/2
くるみ、アーモンド（合わせて）　25g
栗の渋皮煮　4個

[コーティング用ショコラ]
残りのガナッシュ（作ったもの）
ナパージュ（または水あめ）　7g
アーモンドダイス　10g
粉糖　適量

【作り方】

◆サブレを作る

1　ボウルにやわらかくしたバターを入れてゴムべらで練り、砂糖を加えて混ぜる。卵をほぐして加えて混ぜ、小麦粉を加えてすり混ぜる。
2　ひとまとまりになったら、取り出してめん棒で3mm厚さにのばし、直径5.5〜6cmの花のクッキー型で8個抜き、ピケをする。飾り用に星型で抜いたものも8個作る。
3　180℃のオーブンで12〜15分焼く。

◆ビスキュイを作る

4　ココア生地用のココアと小麦粉は合わせてふるう。p.15の要領で作り、水を加え混ぜたら、プレーン用とココア用の生地に分けて作る。それぞれ天板に流し、170℃のオーブンで約15分焼く。

◆ガナッシュを作る

5　チョコレートはボウルに入れ、湯せんにかけて溶かす。牛乳を温め、少しずつ加えて混ぜ、やわらかくしたバターを加えて混ぜる。でき上がったガナッシュのうち50gはパートで使用し、残りはコーティング用にする。

◆パートを作る

6　粗みじん切りにしたくるみとアーモンド、コーティング用のアーモンドダイスは150℃のオーブンでから焼きする。
7　ボウルに4のビスキュイを入れて手でほぐし（a・b）、ラム酒、栗の渋皮煮シロップ、カレンズ、6のくるみとアーモンド（c）、5を加えて混ぜ、8等分にする。
8　中心に半分に切った栗の渋皮煮を入れ、写真のように形を整え（d）、冷蔵庫で冷やす。

◆ショコラでコーティングする

9　ナパージュ（または水あめ）に5の残ったガナッシュを加えて混ぜ（e）、6のアーモンドダイスを加えて混ぜる（f）。
10　8に9を上からかけてコーティングする（g・h）。
11　3のサブレの上にのせ、星形に焼いて金ぱくをつけたサブレを飾り、粉糖をふる。

Decoration technique

ナッツ入りショコラの上がけの仕方

e　ナパージュにガナッシュを加えて練るように混ぜる。
f　アーモンドダイスを加えて混ぜる。 
g　パレットナイフの先端にのせる。 
h　上からスプーンでナッツ入りショコラをかけてコーティングする。

クッキーハウスを飾る

Snow white スノーホワイト

ビスキュイとクリームを重ねてドーム形にし、ホワイトチョコのガナッシュで雪山に見立てます。クッキーの小さな家がメルヘンの世界へ誘うケーキ。ちなみにドイツではクリスマスの時期になると、はちみつ入りのクッキーで作られた「ヘクセンハウス（魔女の家）」が菓子店に飾られるそうです。

83

【材　料】（直径12cmのホール1台分）

[ビスキュイ]
卵　1個
砂糖　30g
水　小さじ1
小麦粉　30g
バター　10g

[コーティング用ガナッシュ]
ホワイトチョコレート　30g
生クリーム（温）　30g
生クリーム（冷）　20g
洋酒　小さじ1

[サンド用生クリーム]
生クリーム　70g
砂糖　6g
洋酒　小さじ1
ラズベリー　10g
ブルーベリー　10g

[ナッツのあめがけ（2台分）]
ヘーゼルナッツ　20g
砂糖　10g
水　小さじ1

[クッキーハウス（2台分）]
バター　15g
粉糖　10g
卵　4g
小麦粉　30g
アイシング
├ 卵白　10g
└ 粉糖　約50g

[シロップ]
水　25g
砂糖　10g
洋酒　小さじ2

[飾り]
ホワイトチョコレート　適量
アラザン　適量

【作り方】

◆ビスキュイを作る
1　p.15の要領でビスキュイを作る。

◆コーティング用ガナッシュを作る
2　ボウルにホワイトチョコレートを入れ、湯せんにかけて溶かす。人肌に温めた生クリームを2回に分けて加え（a）、ボウルの中心からゴムべらをクルクルまわして混ぜる。
3　ホワイトチョコレートと生クリームがなじんだら（b）、冷たい生クリームを加えて混ぜる。
4　洋酒を加え、冷蔵庫で冷やす。

◆サンド用生クリームを作る
5　生クリームは砂糖、洋酒を加えて泡立て、八分立てにする（p.9参照・c）。半量に分け、ラズベリー、ブルーベリーをそれぞれ加えて（d）混ぜる。ラズベリーが大きいときは半分にカットする。

◆ナッツのあめがけを作る
6　ヘーゼルナッツは150℃のオーブンで約10分から焼きする。
7　鍋に砂糖を入れ、分量の水を加えて加熱し、砂糖が溶けて細かい泡が出てきたらヘーゼルナッツを加えて火を止める。
8　ゴムべらでよく混ぜると、ヘーゼルナッツに糖衣がついて白くなる。

◆雪の結晶の飾りを作る
9　ホワイトチョコレートは湯せんにかけて溶かす。
10　p.127の型紙をコピーして切り取り、型紙の上にOPPシートを置く。9をペーパーコルネに入れ、先を1～2mm切って絞り、模様を描く（下記参照）。冷蔵庫で冷やして固める。

Decoration technique

雪の結晶の飾りの絞り方

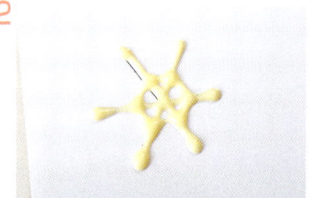

型紙の上にOPPシートを置き、型紙に沿って6角形の対角線を絞る。対角線から枝分かれするように線を広げ、雪の結晶に見立てて絞る。模様を変えて5～6枚絞っておく。

Decoration technique

クッキーハウスを作る

11 ボウルにやわらかくしたバターを入れ、粉糖を加えて混ぜる。ほぐした卵、小麦粉を加え、すり混ぜる。

12 ひとかたまりになったら取り出してビニール袋にはさみ、ビニール袋を縦5cm、横12cmに折り(e)、めん棒で生地をのばす(f)。

13 p.127の型紙をコピーして切り取り、打ち粉(強力粉・分量外)をして(g)、型紙に沿ってナイフでハウスの屋根部分と三角形の壁部分を2枚ずつカットする(h)。余った生地でハウスのドアを作る。

14 生地が浮き上がらないように竹ぐしでピケをする(i)。170℃のオーブンで約15分焼く。

15 アイシングを作る。粉糖はふるいにかける。ボウルに卵白をほぐし、粉糖を少しずつ加えて練る。

16 アイシングは湿度にも影響されるので、ゴムべらを持ち上げたとき、落ちずにへらの角でとどまっている状態になるように粉糖の量を調節する(j)。

クッキーハウスを組み立てる

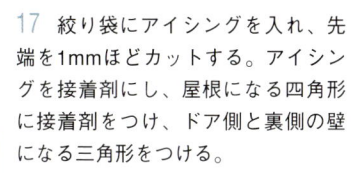

17 絞り袋にアイシングを入れ、先端を1mmほどカットする。アイシングを接着剤にし、屋根になる四角形に接着剤をつけ、ドア側と裏側の壁になる三角形をつける。

18 もう一辺に接着剤をつけ、もう片方の屋根をつける。片方の壁にドアをつけ、固まるまで5分ほどそのままにする。

19 屋根の縁に沿ってアイシングをジグザグに絞り、屋根の上にも絞って雪に見立てる。

仕上げ&デコレーション

20　1のビスキュイを3枚にスライスする。シロップの材料を合わせておく。

21　ドーム形にするために、いちばん上にするビスキュイを回転台にのせて、縁を一周カットする（k・l）。

22　いちばん下にするビスキュイを回転台にのせて、シロップを打ち（m）、中央を盛り上げるように5のラズベリーを混ぜたクリームをナッペする（n）。

23　スライスしたビスキュイをのせ（o）、シロップを打つ。

24　5のブルーベリーを混ぜたクリームを中央を盛り上げるようにナッペし（p）、21のビスキュイをのせ、シロップを打つ（q）。

25　冷やしておいた4のガナッシュは、泡立て器を持ち上げたとき、落ちたクリームの跡が残るくらいまで混ぜ（r）、24にナッペする（下記参照）。

26　クッキーハウスをのせ、ナッツのあめがけ、ホワイトチョコレートの雪の結晶、アラザンを飾る。好みで泣かない粉糖（分量外）をふる。

Decoration technique

ドーム形のナッペの仕方

1　24の上にガナッシュをたっぷりのせ、パレットナイフでサイドに落としていく。

2　パレットナイフの筋を残し、雪山に見えるように仕上げる。

3　クッキーハウスをのせるので、上部を平らにする。

Part 3
生地のテクニック

ふんわりしたビスキュイはそれだけでおいしいものですが、
カラフルだったり、絵や模様がついていたりしたら、
おいしさ＋おしゃれなケーキにワンランクアップ。
さらに、ちょっとしたテクニックを使えば
カットしたときに感激されるケーキもできますよ！

クリスマスカラーの生地を並べる

Gâteau Noel de Vin blanc ガトー ノエル ド ヴァンブラン

赤・緑・白のクリスマスカラーが入ったケーキ。緑と茶2色の模様の生地が、白いムースを引き立てます。いちごをリースのように並べて。

【材料】（直径15cmのホール1台分）

[アーモンド入り2色のビスキュイ]
- 卵白　50g
- 砂糖　25g
- 卵白　50g
- 卵黄（Sサイズ）　2個分
- 砂糖　40g
- アーモンドパウダー　50g
- 小麦粉　15g
- バター　10g
- 抹茶　小さじ1
- 洋酒　小さじ1
- インスタントコーヒー　小さじ1 1/2
- 洋酒　小さじ1 1/2

[白ワイン入りムース]
- 卵白　30g
- 砂糖　15g
- 卵黄　1個分
- 砂糖　20g
- 白ワイン　35g
- ゼラチン　4g
- 水　20g
- プレーンヨーグルト　50g
- レモン汁　小さじ1
- 生クリーム　80g

[仕上げ用シャンティ]
- ゼラチン　1g
- 水　5g
- 生クリーム　50g
- 砂糖　4g

[飾り]
- 生クリーム（七分立て）　20g
- いちご　5個
- ナパージュ　適量

【作り方】

◆アーモンド入り2色のビスキュイを作る

1. ボウルに卵白と砂糖を入れて泡立て、100％に近いメレンゲを作り(p.23参照)、2等分する。
2. 別のボウルに卵白、卵黄を溶きほぐし、砂糖、アーモンドパウダー、小麦粉を加えて泡立てる。溶かしたバターを加えて混ぜ合わせる。
3. 2の生地を抹茶用・コーヒー用に2等分する。小さなボウルに抹茶を入れて洋酒で溶き、生地を少し入れ（a）、よく混ぜ合わせてから生地のボウルに戻し（b）、1のメレンゲを加えて混ぜる（c）。天板に円形の型紙（直径13cm）と帯の型紙（18×7cm）を型紙を置き、オーブンシートを敷いて、型紙より少し大きめに流す（d）。
4. もう一方の生地には、洋酒で溶いたインスタントコーヒーを加えて混ぜ合わせ（e・f）、残りのメレンゲを加える（g）。抹茶用の生地と同じ要領で、天板に同じサイズの型紙を置き、オーブンシートを敷いて、生地を流す（h）。
5. 170℃のオーブンで15分ほど焼く（i）。

Decoration technique

2色の生地の作り方

抹茶は混ざりにくいので、洋酒で溶いて生地を少し加えてよく混ぜ、なじませてから生地のボウルに加える。

コーヒーは混ざりやすいので、生地のボウルに入れて均一によく混ぜ、天板に流す。生地同士がくっついても、切り分けるので大丈夫。

◆ 白ワイン入りムースを作る

6　ボウルに卵白と砂糖を入れ、湯せんにかけて熱を通し（殺菌のため）、湯せんからはずして九分立てのメレンゲにする（p.93参照）。

7　別のボウルに卵黄と砂糖を入れ（j）、白っぽくなるまですり混ぜる（k）。白ワインを加え、湯せんにかけて熱を通す（殺菌のため・l）。

8　7に分量の水でふやかして溶かしたゼラチンを加え混ぜ（m）、さらにヨーグルト、レモン汁を混ぜ、氷水にあてて冷やす（n）。

9　8に七分立てにした生クリーム（p.9参照）を混ぜる（o）。ゴムべらでスーッと線が入るくらいのかたさになるまで混ぜたら（p）、立て直した6のメレンゲを半量入れて混ぜ（q）、残りの半量も混ぜる。

◆ 仕上げ用シャンティを作る

10　ゼラチンは分量の水に入れて15分以上ふやかし、湯せんにかけて溶かす。

11　生クリームに砂糖を加えて六分立てにし、10を加えてゆるめのクリームにする。

仕上げ&デコレーション

12　5の帯状のビスキュイを横半分に切り（3.5cm幅）、七分立てにした生クリームをぬって交互に4枚重ねにし、半冷凍にする。

13　12の生地を5mm幅にカットし、セルクル板の上に置いたセルクルにすき間なく並べる。丸いコーヒー生地を底にセットする。

14　いちごは縦4等分にスライスする（写真は2個分）。9のムースを少量入れ、スライスした両端の小さないちごを円形に並べる。

15　その上からさらにムースを流し、丸い抹茶生地をセットし、残りのムースを流して冷蔵庫で冷やす。

16　固まったら11を流し、ドレッジで表面を平らにし、再び冷蔵庫で冷やす。固まったらセルクルからはずし、飾り用いちごをリースのように並べ、いちごにナパージュをぬる。

仕上げ用シャンティ
白ワインのムース
抹茶＆コーヒーのビスキュイ
抹茶のビスキュイ
コーヒーのビスキュイ
いちご

ムースを水玉模様にする

Framboises フランボワーズ

丸形のケーキをカットすると、ドット柄が出てくる不思議なケーキ。くっきり模様がわかるように、生クリームはかために泡立てましょう。

【材料】（直径15cmのホール1台分）

[ビスキュイ]（24×27cmの天板1枚分）
卵　1個
砂糖　20g
水　小さじ1
小麦粉　25g
バター　10g
ラズベリージャム　適量

[クレーム・シャンティ]
生クリーム　50g
砂糖　3g

[フランボワーズのムース]
┌ 卵白　45g
└ 砂糖　25g
フランボワーズのピューレ　50g
┌ ゼラチン　5g
└ 水　25g
洋酒　小さじ1
生クリーム　75g

[ジュレ]
フランボワーズのピューレ　25g
┌ 砂糖　15g
│ 水　40g
└ 赤ワイン・白ワイン（合わせて）　10g
┌ ゼラチン　3g
└ 水　15g
レモン汁　小さじ1

[飾り]
ラズベリー、ブルーベリー、ミントの葉
　各適宜

【作り方】

◆ビスキュイを作る

1　p.15を参照してビスキュイを作る。天板に生地を流し、平らにならして160℃のオーブンで約15分焼く。

2　焼き上がったら、幅2.5cmの帯3〜4本と、直径13cmの丸形（底生地）を1枚抜く。帯状にした生地にラズベリージャムをぬって3段〜4段に重ね、8mm幅にカットする（a）。

3　セルクル板の上にセルクルを置き、セルクルに沿ってすき間なく2のカットした生地を並べ（b）、中央には焼き目を上にして底生地をセットする（c）。

◆クレーム・シャンティを作る

4　生クリームに砂糖を加え、九分立て強に泡立てる（d・p.9参照）。10mmの丸口金をつけた絞り袋にクレーム・シャンティを入れ、冷蔵庫で冷やしておく（e）。

生クリームはかために泡立てる

ムースの間に絞るので、クリームがやわらかいときれいな模様が作れません。しっかりと、かために泡立てて、冷蔵庫で冷やしておきましょう。

冷菓（ムースなど）に使うメレンゲの作り方

ムースなどの冷菓に使うメレンゲは、卵白に熱を加えて殺菌する必要があります。ほかの材料に混ぜ合わせるときは、生地に使うメレンゲと同様、必ず立て直してから加えましょう。

1　ボウルに卵白と砂糖を一度に加え、殺菌のため、火をつけたままの湯せんにかけながら泡立て器ですり混ぜる。ボウルが熱くなるので軍手をして行う。

2　固まらないよう、指を入れて温度をチェックし、熱いと感じる（80℃ぐらい）くらいになったら湯せんからはずして、ハンドミキサーに替えて引き続き泡立てる。

3　ツノがピンと立つ状態になれば、九分立てのメレンゲのでき上がり（写真）。さらに泡立て、ツノが何本も立つ状態になれば100％のメレンゲのでき上がり。

◆フランボワーズのムースを作る

5 卵白に砂糖を加え、火をつけたままの湯せんにかけながら混ぜて熱を通し（殺菌のため）、湯せんからおろして九分立てのメレンゲを作る（p.93参照）。

6 別のボウルにフランボワーズのピューレを入れ、水でふやかし、湯せんにかけて溶かしたゼラチンを加えて混ぜる。このとき、少量のピューレをゼラチンに入れてゆるめてから、ピューレのボウルに加える（f）。さらに洋酒を加えて混ぜる（g）。

7 6に五分立てにした生クリーム（h）を混ぜ（i）、5のメレンゲを加えて混ぜる（j）。なめらかなムースができる（k）。

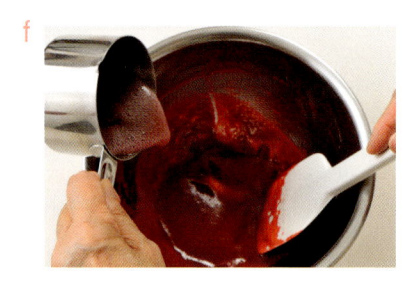

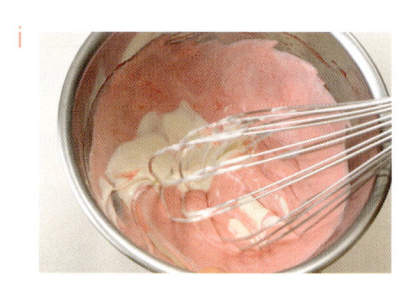

◆ジュレを作る

8 鍋にフランボワーズのピューレを入れ、砂糖、水、赤・白ワインを加えて火にかけ（l）、沸騰直前に火を止めて（m）、分量の水でふやかしたゼラチンを加える（n）。

9 8にレモン汁を加えて、氷水にあてながら冷やす（o）。

Decoration technique

ムースを水玉模様にする

10 　3に7のフランボワーズのムースを1/3量流し入れ、表面をゴムべらですり鉢状にし、スプーンで円形の二重の溝を作る。

11 　4のクレーム・シャンティを外側の溝に沿って絞る。

12 　内側にも溝に沿って絞り、残りのフランボワーズのムースを流し入れ、ドレッジで表面を平らにならし、冷蔵庫で冷やし固める。

13 　12が固まったら9のジュレを流し、冷蔵庫で冷やし固める。

14 　ジュレが固まったらセルクルからはずし、好みでラズベリー、ブルーベリー、ミントの葉を飾る。

上面とサイドにムースの花を散らす

Koharu 小春

ムースを逆さに仕込んでいく方法で作るので、上面が平らできれいな仕上がりになります。小さなムースの花を上面やサイドに散らした、春らしいケーキ。

【材料】（直径15cmのホール1台分）

[いちごのムース]
いちごのピューレ　50g
砂糖　10g
┌ ゼラチン　3g
└ 水　15g
生クリーム　15g

[ビスキュイ]
卵　1個
砂糖　30g
水　小さじ1
小麦粉　30g
バター　10g

[白あんのムース]
┌ 卵白　30g
└ 砂糖　20g
┌ 卵黄　1個分
└ 砂糖　15g
牛乳　50g
┌ ゼラチン　5g
└ 水　25g
白あん　100g
生クリーム　100g
洋酒　小さじ1

[桜葉のムース]
白あんのムース（作ったもの）　1/2量
ほうれん草パウダー　小さじ1/2
桜葉の塩漬け　1枚

[仕上げ]
白ワイン　小さじ1
ナパージュ　大さじ1

【作り方】

◆いちごのムースを作る

1　深めの15cmと浅めの12cmのセルクルを各1台ずつ用意し、それぞれラップをピンと張る（右の写真参照）。これとは別に浅めの15cmのセルクルをセルクル板にのせて冷やしておく。

2　ボウルにいちごのピューレを入れ、砂糖、分量の水でふやかして溶かしたゼラチンを加えて混ぜる（a）。人肌より冷たい温度になっているか確認する（b）。

3　2に生クリームを加えて混ぜ（c）、冷やしておいた15cmのセルクルに流し（d）、冷凍庫で冷やす。

4　3が固まったら花の抜き型で抜き（e）、ピンとラップを張った15cmのセルクルの底、サイドに貼りつける（f）。

5　4の残りのいちごのムースは湯せんにかけて溶かし（g）、ラップを張った12cmのセルクルに流して、冷凍庫で冷やす（h）。

◆ビスキュイを作る

6　p.15を参照し、ビスキュイを作る。

セルクルにラップをピンと張る方法

きれいに固まったジュレも、型からはずすときに傷がついてしまったらがっかり。そこでセルクルにラップをピンと張り、液体を流し込んでも流れないようにして冷やし固めます。

1　なるべくしわができないようにセルクルにラップを張ります。

2　ラップを張った面を下にして、120℃のオーブンで2分加熱します。

大きな花の抜き型は直径3～4cm、小さな花の抜き型は直径1.5～2cm。

Decoration technique

ムースの小花の飾り方

◆白あんのムースを作る

7 ボウルに卵白と砂糖を入れ、火をつけたままの湯せんにかけながら混ぜて熱を通し（殺菌のため）、湯せんからおろして九分立てのメレンゲを作る（p.93参照）。

8 別のボウルに卵黄を入れてほぐし、砂糖を加えて、色が少し白っぽくなり、もったりするまですり混ぜる（ i ）。

9 牛乳を湯せんにかけるか、電子レンジで人肌以上に加熱して8に加えて混ぜる（ j ）。

10 9を鍋に入れて火にかけ、熱を通す（殺菌のため）。表面の細かい泡がなくなればOK（ k ）。

11 鍋を火からおろし、分量の水でふやかしたゼラチンを加えて混ぜ（ l ）、こす（ m ）。

12 ボウルに白あんを入れ、11を少しずつ加えて、ダマができないように混ぜ（ n ）、さらに洋酒を加えて混ぜ、氷水にあてて冷やす。

13 七分立てにした（p.9参照）生クリームを2回に分けて12に加えて混ぜる（ o ）。

14 ゴムべらでクリームに線が描けるようになったら（ p ）、立て直した7のメレンゲを2回に分けて加えて混ぜ、2等分する。

熱い牛乳を加えたら素早くすり混ぜましょう

ボウルに卵黄を入れ、砂糖を加えたら泡立て器ですり混ぜます。2〜3分すり混ぜて、色が白っぽくなったら、熱い牛乳を一気に加えて、ダマにならないよう、素早く泡立て器で混ぜます。牛乳は少量なので、電子レンジで加熱するか、湯せんにかけましょう。

◆桜葉のムースを作る

15 ボウルにほうれん草パウダーを入れ、水小さじ1（分量外）を加えて練る。

16 14の半量にしたムースを少量入れてよく混ぜ、ムースのボウルに戻す（ q ）。

17 16にみじん切りにした桜葉の塩漬けを加えて混ぜる（ r ）。

仕上げ&デコレーション

18　6の焼き上げたビスキュイを2枚にスライスする。ビスキュイの上に5のセルクルをギュッと押し込み、固めたムースと同じ大きさになるようにビスキュイをカットする。

19　セルクル板の上に 4の花を貼りつけたセルクルを置き、14の残りのムースを流し込む。その上に18をいちごムースの面を下にして入れる。

20　さらに上から17の桜葉のムースを流し入れる。残りのビスキュイをかぶせ、冷蔵庫で冷やし固める。

21　セルクルからはずし、上面に白ワインでゆるめたナパージュをぬって仕上げる。

- ナパージュ
- 白あんのムース
- いちごのムース
- 桜葉のムース
- ビスキュイ

ガナッシュで上面にラインを描く

Mouse au marron chocolat ムース オ マロン ショコラ

ペーパーコルネで細くガナッシュを絞り出し、ストライプの模様で上面を飾ります。ビスキュイにはくるみ、ムースには栗を加えた、ぜいたくなケーキ。仕上がりは好みのサイズにカットしましょう。

【材料】（21cmの角型1台分）

[ココア入りビスキュイ]
卵　3個
砂糖　90g
水　小さじ2
小麦粉　75g
ココア　15g
くるみ　50g
バター　30g

[ガナッシュ]
チョコレート　70g
生クリーム　70g

[栗のムース]
- 卵白　50g
- 砂糖　20g
- 卵黄　2個分
- 水　20g
- ゼラチン　9g（大さじ1）
- 水　45g（大さじ3）
栗のペースト　200g
洋酒　小さじ2
生クリーム　200g

[チョコレートのムース]
ガナッシュ（ラインを描いた残り）
洋酒　小さじ2
生クリーム　130g

[仕上げ]
栗の渋皮煮（市販品）　2～3粒
- ナパージュ　大さじ2
- 白ワイン　小さじ2

【作り方】

◆ ココア入りビスキュイを作る

1. くるみは160℃のオーブンで約10分から焼きし、刻んでおく。
2. ココアは小麦粉と一緒にふるう。
3. p.15のビスキュイの作り方を参照して作る。ふるったココアと小麦粉を加えて混ぜ、さらにくるみを加えて混ぜる。
4. 160℃のオーブンで約20分加熱する。
5. 焼き上がったら、2枚にスライスする（a～c）。

◆ ガナッシュを作る

6. チョコレートは湯せんにかけて溶かす。生クリームも湯せんにかけて人肌に温める。
7. チョコレートに生クリームを2～3回に分けて加え（d）、そのつどボウルの中心からクルクルまわして混ぜる（e・f）。
8. ステンレス板の上にOPPシートを敷き、ペーパーコルネに7を大さじ2ぐらい入れ、先を1～2mm切り、斜めに線を描いていく（g～k・p.102参照）。
9. 8の上に角型をセットし、冷蔵庫で冷やす（l・p.102参照）。

Decoration technique

角型のビスキュイのスライスの方法

a　ビスキュイの角の半分の厚さの位置にナイフをあて、生地の1/3くらいまで切り込みを入れる。

b　同様にほかの3つの角からも切り込みを入れ、最後にナイフで中心を切り離す。

c　2枚にスライスしたところ。ビスキュイにくるみが入っているので、ていねいに切る。

Decoration technique

ガナッシュでラインを描く

g h  i

短いラインはペーパーコルネをOPPシートに近づけて描き、長いラインは絞りはじめにOPPシートに近づけ、徐々に少し引き上げてたらすように絞る。

j k  l

約2cm間隔で絞っていく。全面に絞ったら角型を中央にセットし、冷蔵庫で冷やす。

◆栗のムースを作る

10 卵白に砂糖を加え、火をつけたままの湯せんにかけながら混ぜて熱を通し（殺菌のため）、湯せんからおろして九分立てのメレンゲを作る（p.93参照）。
11 卵黄に分量の水を加え、火をつけたままの湯せんにかけながら混ぜて熱を通し（殺菌のため）、泡立てる（m）。
12 ゼラチンを分量の水でふやかし湯せんにかけて溶かし、11に加えて混ぜる。
13 別のボウルに栗のペーストを入れ、洋酒を加えてゴムべらでよく練り（n）、12を加えて（o）栗のペーストがやわらかくなってきたら、泡立て器に替えてよく混ぜる（p）。
14 13に七分立て（p.9参照）にした生クリームを1/3量ほど加え、湯せんにかけながら混ぜてゆるめる（q）。再び1/3量の生クリームを加え、同様に湯せんにかけてゆるめる。湯せんからはずし、残りの生クリームを加えて混ぜ、10のメレンゲを2回に分けて加えて混ぜる（r）。

m n

o  p

q  r

◆チョコレートのムースを作る

15 8で使用し、残ったガナッシュに洋酒を加えて混ぜる（s）。生クリームを加えて混ぜ（t・u）、氷水にあてながらゴムべらで線が描けるかたさになるまで混ぜる（v）。

仕上げ&デコレーション

16 9の角型に14の栗のムースを流し入れ、ドレッジで表面を平らにし、細かく切った栗の渋皮煮を散らし入れる。

17 5のビスキュイを1枚セットして手で軽く押さえ、冷蔵庫で冷やす。15のチョコレートムースを流し入れ、ドレッジで表面を平らにする。

18 残りのビスキュイをセットし、冷凍庫で冷やす。固まったら裏返してOPPシートをはがし、白ワインでのばしたナパージュをぬる。

ロール生地に矢羽模様を描く

Roulade au potiron かぼちゃのロール

ダイナミックな矢羽模様がひときわ目を引くロールケーキ。黒みつ入りでこくのある生地と、ほんのり甘いかぼちゃがよく合っています。

【材 料】（25cm長さ1本分）

[ロール生地]（24×27cmの天板1枚分）
卵　3個
砂糖　60g
黒みつ　10g
小麦粉　40g
牛乳　20g
┌ インスタントコーヒー　小さじ2
└ 水　小さじ1/2

[かぼちゃのクリーム]
かぼちゃ（冷凍）　200g
　（ピューレ正味　150g）
バター　10g
砂糖　20g
洋酒　小さじ1
生クリーム　100g
白あん　50g

【作り方】

◆ ロール生地を作る

1. ボウルに卵、砂糖、黒みつを入れ、湯せんにかけながらハンドミキサーで泡立て、人肌になったら湯せんからはずし、ハンドミキサーを弱にして8～10分ゆっくりと泡立てる（a）。溶けたソフトクリームのような状態になったら（b）、泡立て器に替えて、30回ほど撹拌する。
2. 1に小麦粉を2回に分けてふるいながら加える（c）。そのつどボウルの底から生地を持ち上げるように混ぜる（d）。
3. 別のボウルに温めた牛乳を入れ、2を少量入れてよく混ぜ（e）、元のボウルに戻す（f）。2と同様に、ボウルの底から生地をすくい上げるように混ぜる（g・h）。
4. 小さめのボウルにインスタントコーヒーを入れ、分量の水を加えて混ぜ、3を8g取って加えて混ぜ、コーヒー生地を作る。
5. 3を天板に流し入れ、ドレッジで表面を平らにならす。

卵の泡立てはハンドミキサーを弱に

卵を泡立てるとき、普通のビスキュイはハンドミキサーを強にしますが、ロール生地の場合は、生地のきめが粗くならないよう、弱にして、少し時間をかけて泡立てます。

a
b
c
d

Decoration technique

ロール生地の混ぜ方

e

少量の生地と牛乳を混ぜ合わせて、元のボウルに戻す。

f

よく混ぜて生地全体に牛乳をなじませる。

g

泡立て器でボウルの底から生地をすくい上げるように混ぜる。

h

持ち上げた生地がゆっくり落ちるくらいになるまで混ぜる。

Decoration technique

コーヒー生地で矢羽模様を描く

6 4のコーヒー生地をペーパーコルネに入れ、先を3mmほど切り、5の対角線にラインを絞り、1.5～2cm間隔で、長いラインから短いラインへ順に描いていく（i～k）。

7 菜ばしで端からラインを上から下、下から上へと交互に斜めに引っ張り、矢羽模様を描く（l～n）。あれば二重天板にして、170℃のオーブンで約15分焼く。

菜ばしを斜めにし、表面だけを引っ張ります

模様がくっきり出るように、ラインは太く引きます。菜ばしを斜めにし、表面だけを引っ張って矢羽模様をつけていきます。

◆ かぼちゃのクリームを作る

8 冷凍かぼちゃはラップなしで電子レンジ（500W）で約4分加熱し、ペーパータオルで水けをとる（o・中まで火が通っていなければさらに加熱して調節する）。ナイフでかぼちゃの皮をむき、ボウルに入れ、ゴムべらで細かくする。

9 8が温かいうちにバター（p）、砂糖を加えて混ぜ（q）、洋酒も加えて（r）混ぜる。

10 別のボウルに白あんを入れ、生クリームを少しずつ加えてゴムべらで混ぜ合わせ（s）、泡立て器に替えて七分立て（p.9参照）にする（t）。

仕上げ&デコレーション

11 焼き上がった7のロール生地をペーパータオルの上に置き、パレットナイフで10のクリームを薄くのばして広げる。

12 残りの10のクリームを9のボウルに入れ、よく混ぜる。パレットナイフで11の上にかぼちゃのクリームを薄く広げる。

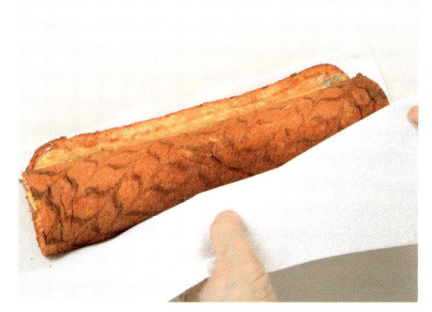

13 ペーパータオルを使って生地を転がして巻いていく。巻き終わったら厚紙などを巻いて固定し、冷蔵庫で冷やす。

黒豆をサイドに飾る

Wamonogatari 和物語

サイドに黒豆でドット模様をつけた新感覚のケーキ。オーブンペーパーの上に黒豆を置いたら冷凍して密着させ、生地を流し込みます。柚子のいい香りも味わって！

【材　料】（直径15cmのホール1台分）

[アーモンド入りビスキュイ]
黒豆　4粒（サイド用）
ほうれん草パウダー（または抹茶）
　小さじ1/2
小麦粉　10g
┌ 卵白　1個分
└ 砂糖　18g
卵　1個
アーモンドパウダー　38g
砂糖　25g
バター　8g

[黒豆のムース]
黒豆（煮豆）ペースト　50g（汁と合わせて）
牛乳　50g
砂糖　10g
┌ ゼラチン　2g
└ 水　10g
生クリーム　40g

[柚子のゼリー]
柚子の汁（皮と実に分ける）　1/2個分
砂糖　30g
┌ ゼラチン　5g
└ 水　25g

[柚子のムース]
┌ 卵白　30g
└ 砂糖　15g
生クリーム　60g
柚子のゼリー（作ったもの）　75g

[飾り]
黒豆　8粒（サンド用）
泣かない粉糖　適量
柚子の皮のせん切り　適量

【作り方】

◆アーモンド入りビスキュイを作る

1　天板に円形の型紙（直径12cm）2つと帯の型紙（24×6cm・3×6cmずつマス目を区切る）を置き、上にオーブンシートを敷く。帯の型紙の上に1/4にスライスした黒豆（a 写真右）を1マスに2つずつ置き、天板ごと冷凍しておく（e）。ほうれん草パウダーと小麦粉は一緒にふるう。

2　卵白に砂糖を加えて泡立て、九分立てのメレンゲを作る（p.23参照）。

3　ボウルに卵をほぐし、アーモンドパウダー、砂糖、ふるった小麦粉とほうれん草パウダーを加え、ハンドミキサーで2分ほど泡立てる（b）。

4　3に溶かしバターを加え（c）、さらにハンドミキサーで泡立てる。

5　4に2のメレンゲを2回に分けて加えて混ぜる（d）。

6　1の冷凍しておいた天板の型紙の上に生地を流し（f）、アングルパレットでならす（g）。170℃のオーブンで、あれば二重天板にして約15分焼く。

a

b

c

d

Decoration technique

生地に黒豆を飾る方法

e　オーブンシートに黒豆を置いて冷凍すると、黒豆がシートに固定される。

f　型紙の上に生地を流す。焼いてから切り抜くので生地同士がくっついても大丈夫。

g　アングルパレットで平らにならし、型紙よりも少し大きめにする。

＊天板が冷凍庫に入らない場合は、冷蔵庫で十分冷やし、静かに生地を流して、アングルパレット（またはドレッジ）でそっと平らにします。

◆黒豆のムースを作る

7 市販の黒豆をフードプロセッサーにかけるか裏ごしして、黒豆ペーストを50g用意する（h）。
8 鍋に牛乳を温めて砂糖を加え、分量の水でふやかしたゼラチンを加える。
9 7のボウルに8を加え（i）、よく混ぜ合わせたら、指を入れて冷たいと感じるまで氷水にあてて冷やす（j）。
10 七分立て（p.9参照）にした生クリームに9を加えて混ぜる（k・夏場はでき上がったムースを冷やす）。

◆柚子のゼリーを作る

11 柚子の汁を作る。柚子1/2個分の皮は、飾り用を少し残してすりおろす。実は1/4にカットし、水50ml（分量外）、砂糖を加えて火にかけ（l）、さっと煮て、こす（m）。計量して足りない分は水（分量外）を足して100gにする。
12 11にすりおろした柚子の皮小さじ1/2を加えて混ぜ（n）、分量の水でふやかしたゼラチンを加えて混ぜる。
13 12を計量して3つに分ける（o）。①柚子のムース用75g、②上面の飾り用ゼリー25g（あらかじめ冷やしておいた直径6cmのセルクルに流す）、③サンド用ゼリー（残りを小ボウルに入れる）。②と③は冷蔵庫で冷やし固める。

◆柚子のムースを作る

14 ボウルに卵白と砂糖を入れ、火をつけたままの湯せんにかけながら混ぜて熱を通し（殺菌のため）、湯せんからおろして九分立てのメレンゲにする（p.93参照）。
15 別のボウルに生クリームを泡立てて、七分立てにする。13の柚子のゼリー75gを加え（p）、氷水にあてて冷やしながら混ぜ、ゴムべらで線が描けるくらいになったら（q）、14のメレンゲを2回に分けて加えて混ぜ合わせる（r・s）。

仕上げ&デコレーション

16　焼き上がった6の生地のオーブンシートをはずす。型紙をあてながら、24×3cmの帯2本(サイド用)をカットし、直径12cmのセルクルで丸形2枚(底用と中心用)をくりぬく。

17　15cmのセルクルの内側に薄くバター(分量外)をぬり、グラニュー糖(分量外)をふり、セルクルをたたいて余分なグラニュー糖を落としておく。

18　セルクル板の上にセルクルを置き、サイド用の生地の豆が外側にくるよう、側面にセットする。底用の生地は焼き目を上にして入れる。

19　18に10の黒豆のムースを半量流し、円を描くように飾り用の黒豆を並べ、残りのムースを流し、中心用の生地を置く。

20　19に15の柚子のムースを半量流し、ボウルで固めて長方形に切ったサンド用の柚子のゼリーを散らし入れ、残りのムースを流し入れる。

21　表面をドレッジで平らにならし、冷蔵庫で冷やし固める。固まったらセルクルから出して表面に泣かない粉糖をふり、カットした柚子のゼリーと柚子の皮を添える。

柚子のゼリー
柚子のムース
黒豆
アーモンド入りビスキュイ
黒豆のムース

小花模様のパータデコールをつける

Fleur フルール

パータデコールのパートは「生地」、デコールは「飾り用の」という意味。下絵を写して小花模様を生地に焼き込みます。絵を描くことが得意な人はオリジナルの絵を描いてみてはどうでしょう。

【材料】（直径15cmのホール1台分）

[いちごのクーリー]
（濃厚なジェル・サンド用）
いちごのピューレ　80 g
砂糖　20 g
洋酒、レモン汁　各小さじ1/2
- ゼラチン　3 g
- 水　15 g

[ビスキュイ]
- 卵白　40 g
- 砂糖　15 g
- 卵白　20 g
- 卵黄　1個分
- アーモンドパウダー　20 g
- 砂糖　15 g
生クリーム　小さじ2
小麦粉　10 g

[パータデコール]
バター、粉糖、卵白、小麦粉　各5 g
抹茶　小さじ1/3

紫いものパウダー　小さじ1/2
レモン汁　小さじ1/3

[りんごのムース]
- 卵白　35 g
- 砂糖　25 g
りんごジュース（果汁100%）　100 g
レモン汁　小さじ1 1/2
洋酒　小さじ1
- ゼラチン　5 g
- 水　25 g
生クリーム　100 g

[飾り]
赤ワイン　小さじ1
ナパージュ　大さじ1

りんご、いちご、円形のホワイトチョコレート　各適量

【作り方】

◆ いちごのクーリー（サンド用）を作る

1. 直径12cmのセルクルにラップを張っておく（p.97参照）。
2. ボウルにいちごのピューレ、砂糖、洋酒、レモン汁を混ぜ合わせる。
3. ゼラチンを水でふやかし、湯せんにかけて溶かし（a）、人肌になったら2を少量入れてよく混ぜ（b）、一気に2に戻す（c）。
4. 1のセルクルに3を流し（d）、冷蔵庫で冷やし固める。

a
b
c
d

Decoration technique

パータデコールの色のつけ方

1　小麦粉はふるいにかける。バターをボウルに入れ、粉糖、卵白、小麦粉を加えて混ぜる。

2　半量をとり分け、抹茶を加える。

3　よく練り混ぜてなめらかにする。

よく練ってなめらかに

ペーパーコルネに入れて絞り出すので、なめらかな状態にしないと、絞り出すときにつまってしまいます。ゴムべらでよく練って、きめの細かいペーストにしましょう。

4　残りのペーストに紫いものパウダーを加える。

5　レモン汁を加える。

6　レモン汁を加えると色が明るくなる。

7　よく練り混ぜるとつやも出てくる。

Decoration technique

小花模様を描く

5 ペーパーコルネを使い、紫いものペーストでハートと小花を描き、抹茶のペーストで葉の絵を描く。オーブンシートの下に24×5cm四方に2列の小花を描いた型紙（p.127参照）を敷き、型紙に添って描くとよい。まず、型紙がずれてしまったときのために四隅に印をつけておく（e）。ハートを描くときは、ペーストを押し出して少しふっくらさせたら引いて離す。ハートを花びらのように描いたら小花になる（f）。葉を描くときは、ペーストを少し出して引く（g）。

6 描き終わったら、絵がゆるまないよう、天板にのせて冷凍庫で冷やす（h）。
＊天板が冷凍庫に入らない場合はp.109参照

ビスキュイに絵を写す

7 ビスキュイを作る。ボウルに卵白と砂糖を入れて泡立て、100％のメレンゲを作る（p.23参照）。

8 別のボウルに卵白と卵黄、アーモンドパウダー、砂糖を入れ、白っぽくなるまで泡立て、生クリームを加える（i）。

9 8に7の半量、ふるった小麦粉（j）、残りのメレンゲの順に混ぜ合わせ、Jの文字を描くように混ぜる（k）。

10 天板に直径12cmの丸い型紙を2枚並べ、その上にオーブンシートを敷き、9を型紙よりも1cmほど内側に流す（l・底生地とサンドする生地）。

11 6の小花の絵の上に生地を流す（m）。絵がすべて隠れるようにし、アングルパレットでならす（n）。あれば二重天板にして（10は一重天板）、どちらも170〜180℃のオーブンで約12分焼く。

絵が隠れるくらいの厚さに

生地を流すときは、絵が隠れるくらいの厚さ（2mmぐらい）にのばします。流し終えたら、絵のすき間に生地がしっかり入るよう、台に天板を1〜2回打ちつけます。絵の生地はカーブさせるのでソフトに仕上げるために、あれば二重天板にします。

◆ りんごのムースを作る

12 ボウルに卵白と砂糖を加え、火をつけたままの湯せんにかけながら混ぜて熱を通し（殺菌のため）、湯せんからおろして九分立てのメレンゲを作る（p.93参照）。

13 別のボウルにりんごジュース、レモン汁、洋酒を入れ、混ぜ合わせる。

14 分量の水でふやかし、湯せんで溶かしたゼラチンに13を少量加え（o）、混ぜ合わせたら一気に13に入れて混ぜる（p）。ボウルを氷水にあてて冷やす。

15 生クリームを七分立て（p.9参照）にし、14に加え混ぜ（q）、泡立て器で混ぜ合わせる（r）。ボウルを氷水にあてながら混ぜ、とろみがついて、ゴムべらでムースに線が描けるようになったら、12のメレンゲを2回に分けて加えて混ぜる。

仕上げ＆デコレーション

16 11が焼き上がったら、絵を描いた生地はオーブンシートを静かにはがし、縦2.5cm×横24cmの帯状に2本カットする。セルクルの周りにバター（分量外）を塗り、グラニュー糖（分量外）をふる。模様が外側にくるよう、側面にセットする。底用の生地は焼き目を上にして置く。

17 16に15のムースを半量流し入れる。サンド用の生地を入れ、その上に冷やし固めておいた4のサンド用のいちごのクーリーを置き、残りのムースを流す。ドレッジで表面を平らにして再度冷蔵庫で冷やす。

18 固まったらセルクルをはずし、赤ワインでのばしたナパージュをぬる。薄切りにしたりんご、縦半分に切ったいちご、輪切りにしたいちご、丸いホワイトチョコレート（p.6参照）などを飾る。

- ナパージュ
- りんごのムース
- いちごのクーリー
- パータデコール
- ビスキュイ

チョコレートの絵をムースに転写する

Mousse au champagne シャンパンムース

チョコレートでクリスマスにちなんだ絵を描き、ムースに転写します。シャンパン入りで大人向けのケーキ。子ども用にはりんごジュースなどで代用してあげて。

【材　料】（24cm長さのトイ型1本分）

[ロール生地]（24×27cmの天板1枚分）
- 卵白　2個分
- 砂糖　40g

卵黄　2個分
水　大さじ1
小麦粉　35g
ラズベリージャム　適量

[シャンパンムース]
- 卵黄　1個分
- 砂糖　45g
- シャンパン　50g

- ゼラチン　5g
- 水　25g

- シャンパン　50g
- レモン汁　小さじ1

生クリーム　100g

[飾り用チョコレート]
ホワイトチョコレート　15g
抹茶　小さじ1/2
冷凍ラズベリー　1粒

【作り方】

◆ロール生地を作る

1　ボウルに卵白と砂糖を入れて泡立て、100%のメレンゲを作る（p.23参照）。卵黄を加えて混ぜ、さらに水を加えて混ぜる。

2　1のボウルにふるった小麦粉を加えて混ぜる。

3　2を天板に流し入れ、あれば二重天板にし、180℃のオーブンで10〜15分焼く。

4　焼き上がった生地を縦6×横24cmの長方形（底生地の分）にカットする。残った生地は天板の幅のまま、ラズベリージャムをぬって巻き、ラップに包んで冷凍する。生地が固まったら、トイ型の長さ（24cm）に両端をカットする（a）。

◆シャンパンムースを作る

5　ボウルに卵黄と砂糖を入れ、泡立て器でよく混ぜ、シャンパンを2回に分けて加えて混ぜ、火をつけたままの湯せんにかけながら混ぜて熱を通し（b・殺菌のため）、湯せんからおろし、泡立てる。

6　ゼラチンは分量の水を加えてふやかし、湯せんにかけて溶かし、5に加える（c）。

7　6にシャンパン（d）、レモン汁を加え、氷水にあてながら混ぜる（e）。

8　生クリームを七分立て（p.9参照）にし、2回に分けて7に加え（f）、泡立て器でよく混ぜる。

9　8を氷水にあてながら混ぜ、ゴムべらで線が描けるかたさになるまで冷やす（g）。

Decoration technique

飾り用チョコレートを作る

10 冷凍ラズベリーをほぐしてペーパータオルの上に散らし、水けをとる。

11 ホワイトチョコレートを湯せんにかけて溶かし、抹茶を加えてよく練る(h・i)。

12 10×24cmの紙を用意し、両端を1.5cmほど残して6等分に線を引く(1マスの幅は約3.5cm)。

13 紙の上にトイ型の大きさに切ったOPPシートを置き、11をペーパーコルネに入れて絵を描き、ラズベリーもつける(j〜n)。

14 13をトイ型にセットし、冷凍する(o)。

h ホワイトチョコレートは水が入ると固まってしまうので注意して。

i 抹茶を加えて、ダマにならないようによく練る。

j 高さ1.5〜2cmぐらいのツリーを描き、植木鉢は色をぬり込む。

k ひいらぎは葉をぬり込む。

l 竹ぐしを使って、ひいらぎの葉のとがった部分をのばす。

m ツリーの上に小さなラズベリーを飾り、ひいらぎの中心には大きめのラズベリーを飾る。

n 1つのマスに3つぐらい、バランスよく散らして描く。

o 絵を描いた面を上にして、OPPシートを静かにトイ型にセットして冷凍し、シートに絵を密着させる。

生地に色をつける材料

食用色素や野菜パウダーなどを使って生地に色をつけたり、模様をつけたりするとデコレーションの幅が広がります。

食用色素

食用色素には、粉末タイプ(左)と液体タイプがあります(右)。食品添加物のほか、植物や海草由来の天然素材を使ったものがあり、色の種類も豊富。

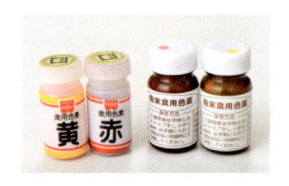

野菜パウダー

野菜を粉末にしたパウダー。紫いも(上)、ほうれん草(下)のほかに、にんじん、かぼちゃ、ごぼう、れんこんなどもあり、お菓子作りや料理に利用されています。

仕上げ&デコレーション

15 冷凍しておいた14に9のムースを2/3量流す（p）。巻き終わりが底側になるように4のロール生地をぐっと入れてセットし（q）、残りのムースを流し込む（r）。ゴムべらで平らにならして底生地をセットし（s・t）、冷凍する。固まったら型からはずして、OPPシートをはがす。

パステルカラーの模様をつける

Poire ポァール

パータデコールでパステルカラーの幻想的な生地を作り、ワイン色をした洋なしを花のように飾ります。中には繊細でやさしい味の洋なしのムースがたっぷり。ビスキュイやムースを底から順に組み立てて仕上げます。

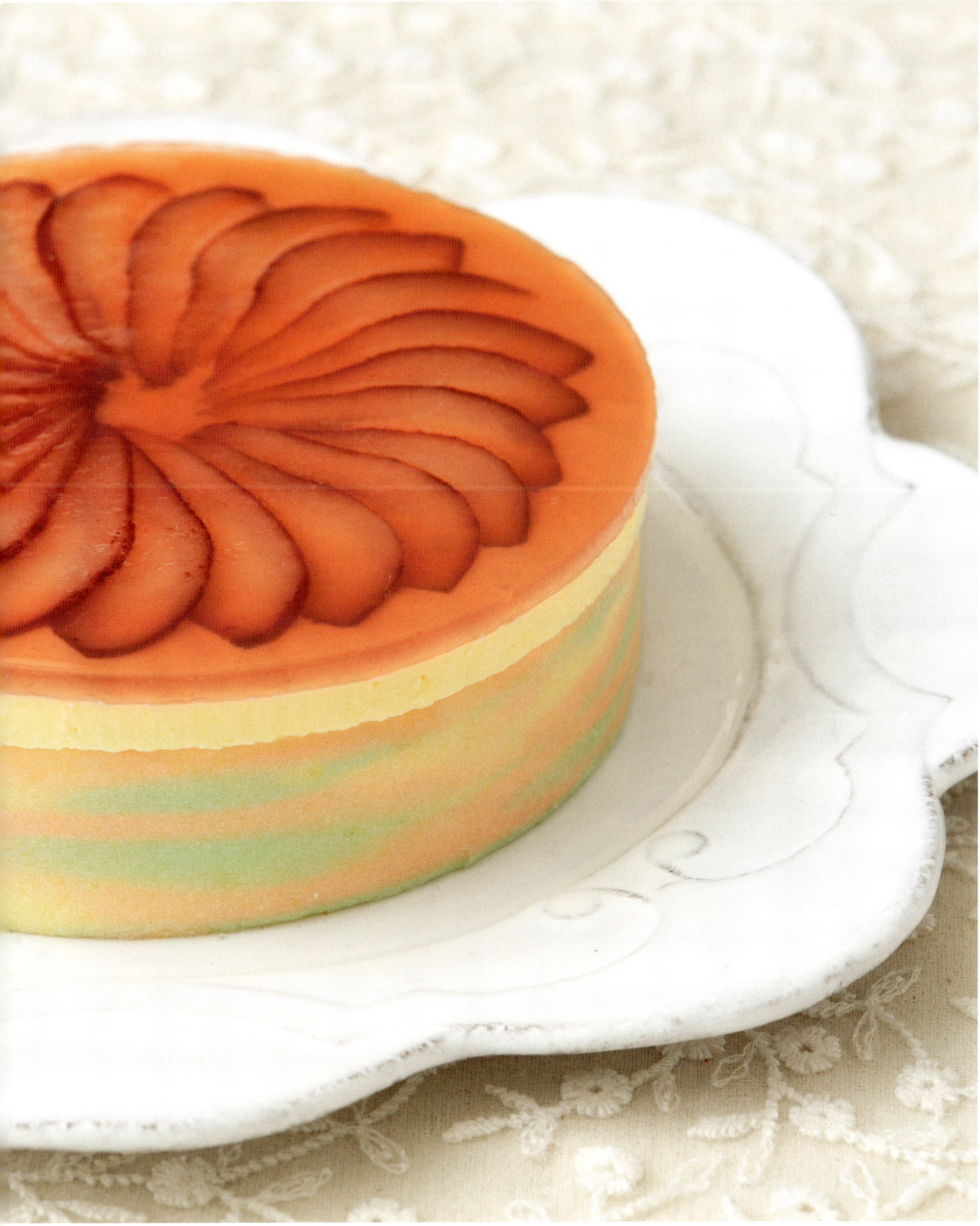

【材料】（直径15cmのホール1台分）

[洋なしの赤ワイン漬け]
洋なし（缶詰） 1 1/2切れ
赤ワイン　適量

[パータデコール]
（パステルカラーのビスキュイ）
バター　10g
砂糖　10g
卵白　10g
小麦粉　10g
食用色素（ピンク、ブルー）各少々

[ビスキュイ]
卵　1個
砂糖　30g
水　小さじ1
小麦粉　25g
バター　10g

[洋なしのムース]
ゼラチン　5g
水　10g
洋なし缶のシロップ　120g
卵黄　2個分
砂糖　15g
洋酒　小さじ2
生クリーム　120g
洋なし（缶詰）　1/2切れ

[ワインゼリー]
赤ワイン（洋なしを漬け込んだもの）25g
水　25g
砂糖　15g
ゼラチン　2g
水　10g

【作り方】

◆洋なしの赤ワイン漬けを作る

1. 洋なし（缶詰）はビニール袋に入れて赤ワインを加え、袋の口をしばり（a）、冷蔵庫でひと晩漬けておく（b）。赤ワインはワインゼリーに使うのでとっておく。
2. 赤くなった洋なし1切れ分を薄くスライスする（c）。
3. 直径15cmのセルクルの大きさに合わせて、器に2を並べる（d）。残った洋なし1/2切れは刻んでおく。洋なしを漬け込んだワインはワインゼリーで使う。

◆パータデコール（パステルカラーのビスキュイ）を作る

4. ボウルにやわらかくしたバターと砂糖、卵白を入れてゴムべらで練る。卵白が分離するので（e）、ふるった小麦粉を加えて混ぜ（f）、なめらかにする。
5. 4を3等分して、1つは色をつけず、2つはピンクとブルーの食用色素をそれぞれつま楊枝につけて加え、よく練り混ぜる（g・h）。
6. 天板に25×6cmの帯状の型紙と、直径12cmの円形の型紙を置き、その上にオーブンシートを敷く。
7. 5をそれぞれペーパーコルネに入れる。ペーパーコルネの先を1mmぐらい切り、3色を6のオーブンシートの上に自由に絞る（i〜k）。
8. アングルパレットで平らにならし、天板ごと冷凍庫に入れて冷やし固める（l〜n）。

＊天板が冷凍庫に入らない場合はp.109参照

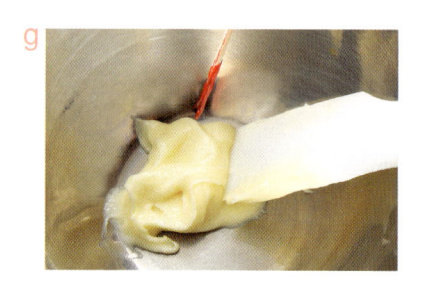

Decoration technique

洋なしの並べ方

a ビニール袋に洋なしと赤ワインを入れ、ぎりぎりのところをぎゅっと結ぶ。

b ひと晩漬けておくと、洋なしが赤くなる。

c 洋なしを細長く、薄くスライスする。

d 花のように並べ、セルクルをかぶせてサイズをチェックする。

Decoration technique

パータデコールの絞り方

3色を使って自由にラインを絞る。型紙からはみ出したところにも絞る。

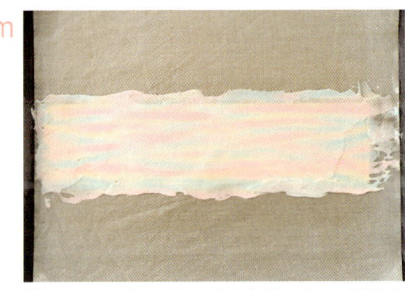

アングルパレットをすべらせるようにして平らにならし、型紙からはみ出るくらい大きな帯にする。円形の型紙の方も同様に絞って平らにならす。

◆ ビスキュイを作る

9 p.15を参照しながらビスキュイを作る。
10 8の帯状のパータデコールの上にビスキュイを流し、アングルパレットで平らにならす（o）。円形のパータデコールの上にセルクルを置き、残りのビスキュイを流す（p）。
11 どちらも二重天板にして、帯状の生地は160℃で約10分、円形の生地は160℃で約20分焼く。
12 焼き上がった11の帯状の生地（q）を型に合わせて裏側からカットする（r）。横半分に切り、24×3cmの帯を2本作る（s）。円形の生地は2枚にスライスする（t）。

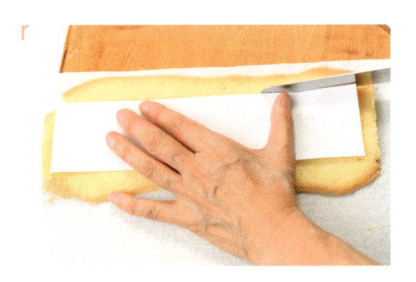

◆洋なしのムースを作る

13 ボウルに卵黄を入れてほぐし、砂糖を加え、泡立て器ですり混ぜる。熱した洋なし缶のシロップを加えて混ぜ（u）、鍋に移し替えて加熱し、細かい泡が出なくなるまで火にかける（v・殺菌のため）。

14 火からおろし、分量の水でふやかしたゼラチンを加えて混ぜ、こす（w）。

15 洋酒を加え、氷水にあてて冷たくなるまで冷やす（x）。

16 生クリームを七分立てに（p.9参照）し、2回に分けて15に加えて混ぜる（y）。ゴムべらに替えて混ぜ、クリームに線が描けるようになるまで混ぜる（z）。

17 洋なしは一口大に刻んでおく。

同じくらいの冷たさのときに合わせる

卵黄で作ったクリームと七分立てにした生クリームを混ぜるときは、両方の温度をチェックして、同じくらいの冷たさになったら合わせましょう。

仕上げ&デコレーション

18 セルクルの下2/3ぐらいにバター（分量外）をぬり、グラニュー糖（分量外）をふり、帯状の生地の模様が外側にくるようにサイドにセットする。スライスした円形の生地は模様を上にして底にセットする。

19 18に16のムースを半量流し、3と17の刻んだ洋なしを散らし入れ、残りのムースの半量を流し入れる。

20　19の上に円形の生地をのせ、残りのムースを流し、ドレッジで表面を平らにならす。3の器に並べた洋なしを上面に移し並べ、冷蔵庫で冷やす。

21　ワインゼリーを作る。鍋に赤ワインと水を入れ、砂糖を加えて火にかけ、分量の水でふやかしたゼラチンを加えて溶かし混ぜる。

22　ボウルに入れて氷水にあてて冷やし、人肌ぐらいに冷めたら、20の上に流して冷蔵庫で冷やし固める。

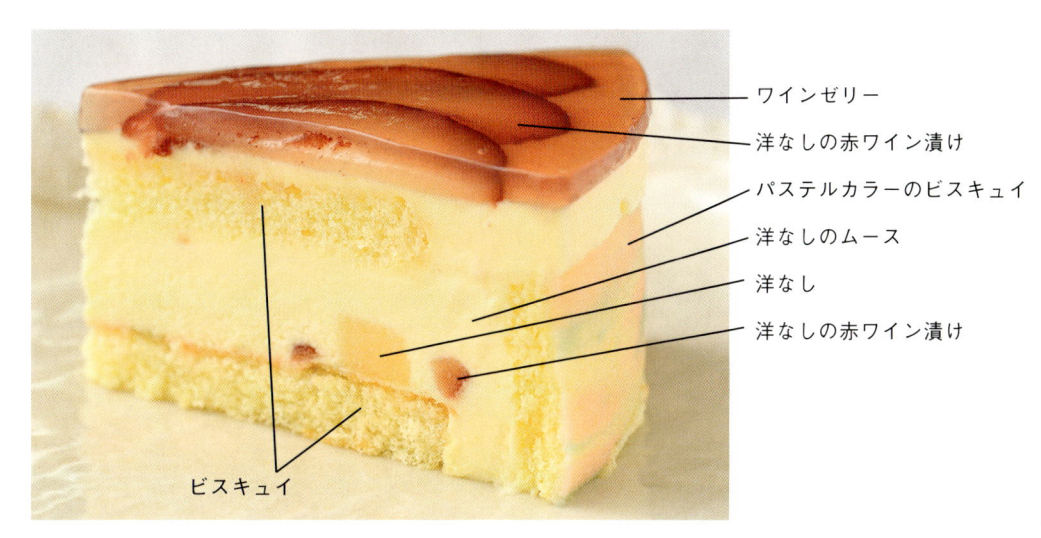

- ワインゼリー
- 洋なしの赤ワイン漬け
- パステルカラーのビスキュイ
- 洋なしのムース
- 洋なし
- 洋なしの赤ワイン漬け
- ビスキュイ

型紙

p.50　ベビーシューズ

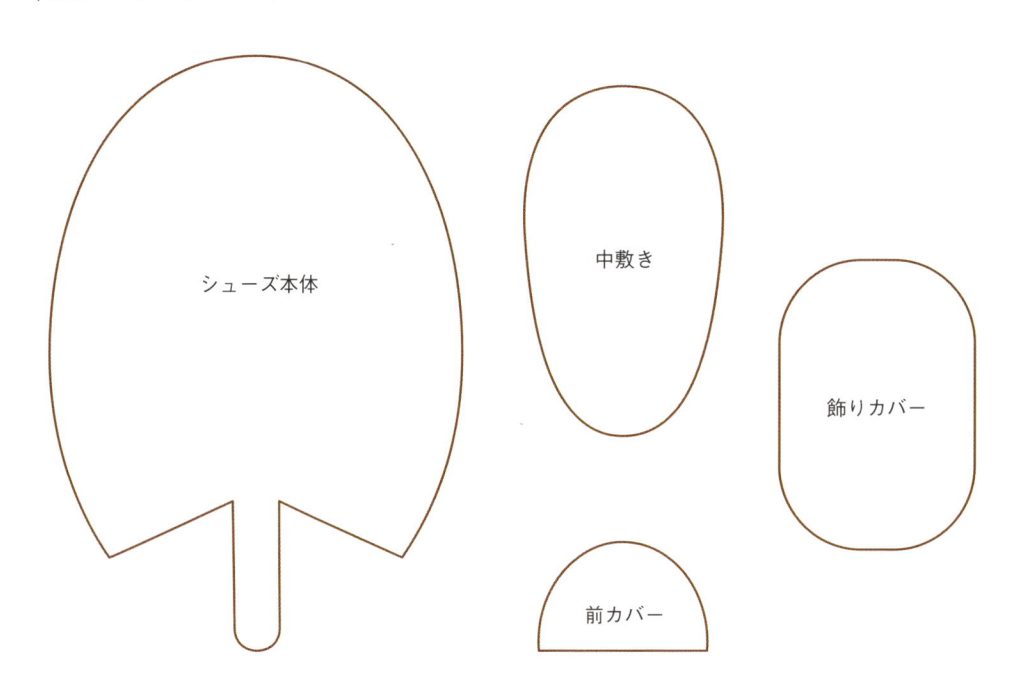

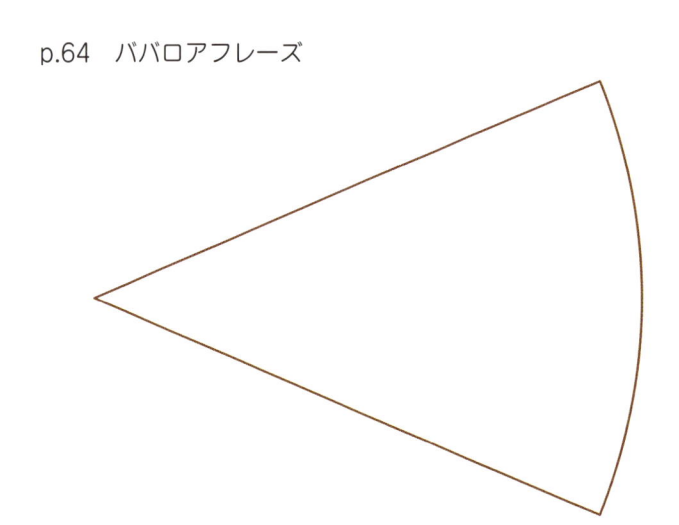

シューズ本体

中敷き

飾りカバー

前カバー

p.64　ババロアフレーズ

p.82　スノーホワイト

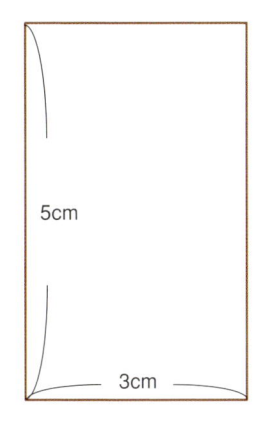

5cm
3cm
クッキーハウスの屋根

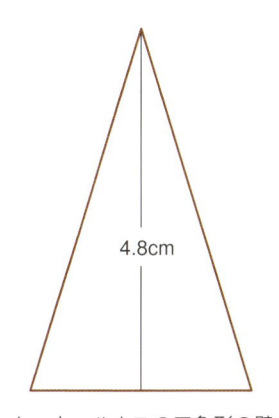

4.8cm
クッキーハウスの三角形の壁

雪の結晶の飾り

p.112　フルール

2cmほど余白をつけて
カットしてください。

著者

植本愉利子　うえもと ゆりこ

葉山ベーキングスクール、女子栄養大学料理教室洋菓子専科、パディーケーキハウス（稲田和子氏）、スイス・フランス洋菓子研究所（相原一吉氏）などで洋菓子作りを学ぶ。おいしく美しいデコレーションのケーキにこだわり、独自の理論と作製方法をあみ出す。1989年から千葉県松戸市にて「植本愉利子お菓子のアトリエ」を主宰。2004年、週末だけのケーキショップ「イグレック・イグレック」を開店。著書に『お菓子とケーキ　デコレーションの基本』（成美堂出版）などがある。

植本愉利子お菓子のアトリエ（洋菓子教室）
〒271-0092　松戸市松戸1295 東壱番館601　☎047(366)4748
http://y-igrek.weblogs.jp

＊定期的な講習のほか、デコレーションの講習も随時あるので、
詳しくはホームページをご覧になり、お問い合わせください。

イグレック・イグレック
〒271-0068　松戸市古ヶ崎2-3155　☎047(367)9005
http://y-igrek.weblogs.jp
http://www.y-igrek.com/

◆プラスチックチョコレートの販売先
　スイーツ　ベニュ
　http://sweets-venue.jp

staff

撮影…村尾香織
スタイリング…石井あすか
ブックデザイン…やなか事務所
DTP…萩原奈保子
構成・編集協力…小沢明子　やなか事務所（東村直美）
校正…田原淑子
企画・編集…成美堂出版編集部（森香織）

お菓子制作スタッフ
植本綾子　岡部典子　丸橋貴美枝　佐々木祐美子　岡本ゆみ子　小松律子　平川純子

お菓子とケーキ 絞り・飾り・生地 デコレーションBOOK

著　者　植本愉利子
発行者　風早健史
発行所　成美堂出版
　　　　〒162-8445　東京都新宿区新小川町1-7
　　　　電話(03)5206-8151　FAX(03)5206-8159
印　刷　凸版印刷株式会社

©Uemoto Yuriko 2011　PRINTED IN JAPAN
ISBN978-4-415-30926-2
落丁・乱丁などの不良本はお取り替えします
定価はカバーに表示してあります

・本書および本書の付属物は、著作権法上の保護を受けています。
・本書の一部あるいは全部を、無断で複写、複製、転載することは禁じられております。